Svenja Flaßpöhler
Wir Genussarbeiter

Svenja Flaßpöhler

Wir Genussarbeiter

Über Freiheit und Zwang
in der Leistungsgesellschaft

Deutsche Verlags-Anstalt

Für meinen Vater

Inhalt

Genussarbeit
Das Genießen der Mühsal,
die Mühsal des Genießens

Arbeit ist für uns heute nicht mehr nur Mühsal. Wir, die wir unsere Arbeit *gern* tun und uns in ihr verausgaben auch über das erforderliche Maß hinaus, sind keine Pflichtarbeiter im herkömmlichen Sinne mehr, sondern Genussarbeiter. Diese Wortschöpfung bringt eine Entwicklung auf den Punkt, die sich verstärkt seit einigen Jahrzehnten, im Grunde aber schon seit zwei Jahrhunderten, nämlich seit Beginn des bürgerlichen Zeitalters vollzieht. Seitdem der Mensch körperlich ruinöse Arbeit von Maschinen erledigen lässt, Zugang zu Bildung hat, seine Tätigkeit neigungsorientiert wählen kann und sich vornehmlich durch Leistung definiert, birgt die Arbeit ein Glücksversprechen, das andere Quellen der Lust in immer stärkerem Maße verdrängt. Sex? – Keinen Kopf dafür. – Ausruhen? Mal nichts vorhaben? – Tödlich. – Feiern, hin und wieder über die Stränge schlagen? – Kindisch.

Für uns Genussarbeiter ist der Genuss Arbeit und die Arbeit umgekehrt Genuss. In unserer Arbeit gehen wir auf wie eine Knospe im Frühling. Jede neue Herausforderung lässt uns wachsen, überborden vor Energie, so wie ein Blümlein sich begierig zur Sonne reckt, damit es gedeiht, verlangen wir unentwegt nach neuen Möglichkeiten, um das eigene Können unter Beweis zu stellen. Als Genussarbeiter und Genussarbeiterinnen lieben wir unsere Arbeit, wir brauchen die Anerkennung, die wir durch sie erfahren oder doch zumindest zu erfahren *hoffen*, denn das Gefühl, tatsächlich ausreichend Anerkennung zu erfahren, stellt sich fast nie und wenn, dann nur flüchtig ein. Und so arbeiten und arbeiten wir, sind ehrgeizig und hochmotiviert, und verlieren dabei nicht selten jedes Maß.

Der Überschwänglichkeit in der Arbeit entspricht die Enthaltsamkeit im Genuss. Dort Distanzlosigkeit, hier vorsichtige Distanznahme; dort Gier, hier Abstinenz. Unsere sexuelle Energie sublimieren wir größtenteils oder sogar ganz in Arbeit. Mit größter Leidenschaft widmen wir uns unseren Projekten, geben uns unserer Arbeit hin wie einer großen, neuen Liebe, für die wir alles zu tun bereit sind.

Sublimation meint Verwandlung, Veredelung des Triebs. Doch häufig hat unser Tätigsein selbst triebhaften Charakter: dann ist es nicht ekstatisch, sondern exzessiv. Zwanghaft lebt der Workaholic seine Lust in der Arbeit aus, er *muss* arbeiten und kann überhaupt nicht mehr aufhören, denn wenn seine Dauererregung einmal nachlässt, überkommt ihn unweigerlich eine diffuse Angst. Jegliche Form der Muße ist für den exzessiven Genussarbeiter Mühsal. Während am Schreibtisch jedes Gefühl für die Zeit verloren geht und Überstunden kaum als solche empfunden werden, tickt die Uhr, sobald es still wird und nichts mehr zu tun ist, unüberhörbar laut. Unverplante Zeit, gar Langeweile ist für ihn kaum auszuhalten, er muss sich regelrecht *anstrengen*, um nicht sofort in zwangsneurotische Betriebsamkeit zu verfallen (E-Mails beantworten, Joggen und Aufräumen etwa sind beliebte Ersatzhandlungen), als würde ihn, wenn er auch nur einmal lockerließe, sofort der Teufel holen. Ein solcher Aktionismus, den wir in unserer Leistungsgesellschaft nur allzu leicht mit Leidenschaft und Vitalität verwechseln, ist in Wahrheit häufig nichts anderes als ein verzweifelter Kampf gegen die Depression. Selbst nachts kann der Genussarbeiter nicht mehr abschalten, muss unentwegt Gedanken wälzen, bis irgendwann, wenn die Kraft nicht mehr ausreicht, sich vollkommene Apathie einstellt. Menschen bilden Süchte aus, um sich zu betäuben, um einen Schmerz, der tief in ihrem Inneren nagt, nicht spüren zu müssen. Die Arbeitssucht ist neben der Sportsucht die einzige gesellschaftlich anerkannte, ja sogar geforderte und geförderte Sucht. Drogenabhängige, Alkoholiker, Kettenraucher, sie alle gelten als randständig, bemitleidenswert, suizidal; Arbeitssüchtige hingegen lenken Firmen und Staatsgeschicke, werden bedient, bewundert, idealisiert.

In seiner Schrift *Die protestantische Ethik und der Geist des Kapitalismus* legt der Soziologe Max Weber die tiefe Genussfeindlichkeit der erstarkenden Wachstumsgesellschaft eindrücklich dar. Askese und Fleiß im Dienste Gottes respektive der Akkumulation: Das war das protestantisch geprägte Arbeitsethos des frühen Industriekapitalismus. Lebendig ist dieses Ethos nach wie vor, allerdings mit bedeutsamen Verschiebungen. Erstens: An die Stelle gottgefälliger Strebsamkeit ist heute nackter Ehrgeiz getreten, ein unerbittlicher Kampf um Anerkennung, der keine Grenzen mehr kennt. Wer lediglich fleißig ist und erledigt, was verlangt wird; wer Zeit mit der Familie verbringen will und am Sonntag prinzipiell nicht arbeitet, auch wenn eine Deadline drängt, gilt als unmotiviert und häufig auch als unbrauchbar. Einigermaßen sicher im Sattel beziehungsweise auf Chefposten sitzen nur die, deren Arbeitseifer unendlich ist, die in vorauseilendem Gehorsam auch am Wochenende arbeiten, spätabends noch E-Mails schreiben, jede Aufstiegsmöglichkeit beim Schopfe packen, die sich selbst überschreiten und bisweilen auch überschätzen.

Zweitens: Anders als Weber leben wir heute in Zeiten des globalisierten Schnäppchenkapitalismus, der die Gier respektive den Geiz (beide Wörter haben denselben Wortstamm), für den gläubigen Christen eine Todsünde, als lustvolle Grenzüberschreitung anpreist *(Geiz ist geil!)*. Mit protestantischer Sparsamkeit hat der Geiz-Konsum nur scheinbar zu tun, geht es doch letztlich nicht darum, das Geld bei sich zu behalten, sondern möglichst viel für möglichst wenig zu bekommen. Der Schnäppchenkapitalismus ist ein Verschwendungskapitalismus. Wachsam studieren wir Sonderangebote, verfolgen Auktionen bei eBay, damit uns kein heruntergesetzter Fernseher, keine preisgünstige Couch entgeht. Dass Genuss heute Arbeit ist, hat also auch mit diesem Volkssport des gegenseitigen Wegschnappens zu tun, der die Massen selbst nachts die Discounter stürmen lässt.

Drittens haben wir heute probate Mittel und Wege gefunden, dem leiblichen Genuss, den der protestantische Asket sich naturgemäß versagt, den Stachel der Schuld zu ziehen. Genuss ohne Reue, so lautet das Motto des Wellness-Zeitalters. Alkoholfreies Bier, fettreduzierter Käse, virtueller Sex: »Alles ist erlaubt, man kann alles genießen«, schreibt der Philosoph und Kulturkritiker Slavoj Žižek, »unter der Bedingung, daß es seiner Substanz beraubt ist, die es gefährlich macht.« Der Wellness-Genuss ist schuldfrei, weil er sich nicht über gesellschaftliche Leistungsanforderungen erhebt, sondern den Körper gerade umgekehrt leistungsstark macht, ja im Grunde sogar selbst Arbeit ist. Es wird geschwitzt und gepeelt, trainiert und gefastet, meditiert und der Darm durchgespült, um den Körper fit zu machen und auch noch den letzten Dreck aus ihm herauszuschwemmen. Ob Fitness, Diät oder Wellness-Kloster: Die Wohlfühlarbeit reinigt den Körper, anstatt ihn zu beschmutzen, durch sie erspart man sich die Verschuldung, die ein zweckfreies Genießen unweigerlich mit sich bringt.

Hervorgegangen ist der Wellness-Kult bezeichnenderweise aus einer protestantischen Freikirche. So sehen die Siebenten-Tags-Adventisten den menschlichen Körper als »Tempel des Heiligen Geistes«, wie es in den Korintherbriefen heißt, und den Adventisten zugehörig fühlte sich einst auch ein Arzt namens John Harvey Kellogg. Im Battle Creek Sanatorium, das Kellogg leitete, aß man ausschließlich vegetarisch, nahm Heilbäder und ertüchtigte sich beim Sport. Alkohol, Tabak und Kaffee waren selbstredend untersagt. Und als John Harvey gemeinsam mit seinem Bruder Will Keith die erste knusprige Frühstücksflocke erfand, waren die Patienten im Battle Creek Sanatorium so glücklich über die neue Verbindung von Genuss und Vernunft, dass sie sich das neue Produkt auch nach ihrer Entlassung noch zusenden ließen. Ein neuer Industriezweig war geboren, der des gesundheitsbewussten Genießens, das den Körper stärkt, anstatt ihm zu schaden.

Das Genießen passt sich also dem Leistungsgedanken an; und umgekehrt ist auch die Leistung, sprich: die Arbeit, längst nicht mehr das Gegenteil des Genusses. Arbeit, das war in früheren Zeiten eine Plage, die Strafe Gottes für den Sündenfall, bis zum körperlichen Ruin mühte sich der Mensch ab mit Acker und Vieh, und wie froh war er, wenn er abends Pferdegeschirr und Sense an den Haken hängen konnte. Heute hingegen ist Arbeit – zumindest für die Mittel- und Oberschicht der westlichen Welt – keine Strafe im alttestamentarischen Sinne mehr, sondern eher ein Labsal. Vorbei die Zeiten körperlicher Qual, der Pflüge und Pferdekarren. Heute sitzt man auf ergodynamischen Stühlen vor schicken Macs, neben sich eine Latte macchiato, und gibt sich, scheinbar mühelos, dem Rausch der Arbeit hin. Der Genussarbeiter fühlt die Anstrengung nicht oder nur kaum, seine körperliche Aktivität beschränkt sich weitestgehend auf das Bewegen der Fingerspitzen auf der Tastatur und die Fokussierung der Pupillen, ansonsten ist nur sein Hirn tätig. Beiläufig nimmt er hier eine Information auf, reagiert dort auf einen Reiz, klickt sich durch Webseiten, folgt diesem oder jenem Link, während er Ideen und Projekte verwirklicht, manchmal sogar seine eigenen.

Seitdem der Mensch sich aus der göttlich verfügten Ordnung und der selbst verschuldeten Unmündigkeit befreit hat, muss er sich nicht mehr knechten lassen oder Schlosser werden, nur weil der Vater Schlosser war. Er kann sich seine Tätigkeit aussuchen, sich mit Leib und Seele in sie einbringen, sich mit ihr identifizieren, was naturgemäß zur Folge hat, dass die Ansprüche an die eigene Leistung sehr hoch sind: Wenn das Werk unvollkommen ist, ist es sein Schöpfer, seine Schöpferin auch; erst wenn das Werk perfekt ist, hat die arme Seele Ruh. Aber was ist schon perfekt? Lässt sich nicht immer noch ein bisschen feilen? Verschönern? Optimieren?

Die Lust an der Überschreitung, die kennzeichnend fürs Genießen ist, lebt der Genussarbeiter vor allem in seiner Arbeit aus. Nicht mehr nur die Verbotsüberschreitung, die ›süße Sünde‹, sondern insbesondere die *Selbst*überschreitung im Beruf ist es, die ihm Lustgewinn bringt. *Yes, you can!*, ruft sich der Genussarbeiter unentwegt selbst zu – allein, wenn dieser motivierende Zuruf zu einem abstrakten Leistungsimperativ wird, verliert der Genussarbeiter schnell jedes Gefühl für die eigene Schmerzgrenze. »Das entgrenzte Können ist das positive Modalverb der Leistungsgesellschaft«, wie der Philosoph Byung-Chul Han in seinem Buch *Müdigkeitsgesellschaft* schreibt. Die andere Seite der Selbstüberschreitung ist die Selbstausbeutung, die übertriebene Verausgabung in der Arbeit, die mit der Gefahr lähmender Erschöpfungsmüdigkeit unauflöslich verbunden ist.

Ein Genuss, der nichts mit Arbeit zu tun hat, macht zwanghaften Genussarbeitern Angst. Sie fürchten sich vor der ›unnützen‹ Zweckfreiheit, die sie als Leere empfinden, als ein *Ungehaltensein* im doppelten Wortsinne: Ohne ihre Arbeit fühlen sie sich in ihrem Sein gefährdet, sie werden unruhig und agieren latent aggressiv – manchmal gegen sich selbst, manchmal gegen andere. Zeit mit kleinen Kindern zu verbringen etwa hält der exzessive Genussarbeiter in der Regel nicht lange aus. Auf dem Spielplatz wird eifrig ins Smartphone getippt, und beim Holzklötzchenbauen schweifen die Gedanken immer wieder ab zu diesem oder jenem wichtigen Projekt, das dringend vorangetrieben werden muss, Elternzeit hin oder her. Spielen um des Spielens willen, Stunde und Tag vergessen, ja, überhaupt keinen Begriff von Zeit zu haben, noch nicht einmal Sprache, das alles gemahnt an einen Daseinszustand, in den man nicht zurückfallen will, nicht zurückfallen *darf.* Das kindliche Sein ist ein mythisches: zeitlos, geheimnisumwoben, fremdbestimmt – bestimmt durch Mächte, deren Verfügungsgewalt alles umfasst. Das kindliche Dasein ist ein schicksalsergebenes Dasein, es ist eingebettet in die elterlich-göttliche Gewalt, die des Kindes innere Ruhe, seine Selbstvergessenheit im Spiel erst ermöglicht: Nur wer auf den Halt vertraut, kann sich dem Spiel hingeben. Doch genau das – Vertrauen zu haben – ist Genussarbeitern kaum möglich. Es gibt nichts, worauf sie sich verlassen wollen beziehungsweise können, sie fühlen sich austauschbar, ersetzbar, und sie sind es auch. Sich in der Arbeit zu verlieren wie in einem lustvollen Spiel und zwischendurch müßigzugehen ist in der beschleunigten Wachstums- und Wettkampfgesellschaft nicht gefragt; was zählt, sind Leistung, Effizienz und Flexibilität. Der moderne Genussarbeiter ist, ausgerüstet mit Smartphone oder Blackberry, immer erreichbar und einsatzbereit und muss doch ständig fürchten, dass jemand anderes noch erreichbarer und einsatzbereiter ist als er selbst, weshalb er die Verbindung zur Arbeit selbst im Urlaub hält. Die Verfügbarkeit des flexiblen Genussarbeiters, sein Ehrgeiz und seine Elastizität sind das Fundament der modernen Wachstumsgesellschaft: »Der flexible Mensch«, schreibt der Soziologe Richard Sennett, ist »driftend«, er treibt durch den globalen Kapitalismus wie ein Stück Holz im (Geld-)Fluss.

Das Urvertrauen des Kindes ähnelt in vielerlei Hinsicht dem Gottvertrauen des vormodernen Menschen: So wie das Kind sich auf seine Eltern verlässt und genau daraus seine Kraft zieht, hat dieser einst auf Gott vertraut. Es war der Glaube an einen Vater im Himmel, der den Rahmen für die eigene Existenz bereitstellte, ein Rahmen, der einengte, aber auch Sicherheit versprach. Seit der Aufklärung aber will der Mensch sich nicht mehr bestimmen lassen und sich in sein göttlich verfügtes Schicksal ergeben. Seine Existenz ist nicht länger fixiert durch Herkunft und Stand, sondern, dem Ideal der Französischen Revolution zufolge, frei. Diese Freiheit ist, unbezweifelbar, eine der größten Errungenschaften der Geschichte: Jeder Mensch kann sich (zumindest idealerweise) je nach seinen Fähigkeiten entwickeln und entfalten und einen frei gewählten Beruf ausüben. Er kann – wenn er sich nur gehörig anstrengt – die soziale Leiter hinaufklettern und ist, wie es heißt, ›seines eigenen Glückes Schmied‹. Die dialektische Kehrseite der Freiheit aber ist die Möglichkeit des Scheiterns. Wo die Chance zum Aufstieg ist, lauert immer auch die Gefahr des Abstiegs. In dieser Spannung zwischen Glück und Unglück, zwischen Erfolg und Ruin, zwischen Grandiositätsgefühl und Depression bewegt sich der Genussarbeiter von heute, ob bewusst oder unbewusst, ständig: Ohne Pause ist er unter Strom, greift ehrgeizig nach den Sternen – denn jedes

Nachlassen, Ablassen, Auslassen und Loslassen birgt sogleich das Risiko des Falls.

Die Dialektik der Aufklärung haben wir längst noch nicht verarbeitet. Gerade einmal gut zweihundert Jahre ist es her, dass der Mensch ohne göttliche Bevormundung, die gleichzeitig metaphysische Geborgenheit bedeutete, leben muss, leben darf. Der vormoderne Mensch hatte Rituale, an die er sich halten konnte, religiöse Rituale, die ihn zur Ruhe kommen ließen wie etwa das Gebet oder der arbeitsfreie Sonntag. Der moderne Mensch hingegen muss vor sich selbst rechtfertigen, wann und ob er sich eine Pause gönnt; er muss damit zurechtkommen, dass sein Platz in der Gesellschaft keineswegs gesichert ist; und er muss akzeptieren, dass seine Existenz nicht mehr gehalten wird durch ein göttlich verbürgtes Danach. Der Tod bedeutet das unwiederbringliche Ende, weshalb wir uns, um ihn zu verdrängen, mehr denn je in hektische Betriebsamkeit flüchten. Die Hyperaktivität des Genussarbeiters, seine Arbeits- und Beschäftigungssucht, ist immer auch ein Ausdruck von Todesangst; genauso wie sein Fitness- und Wellness-Wahn, dessen Ziel es ist, den Körper jung zu halten, um ihn so lange wie möglich vor dem unabänderlichen Verfall zu bewahren.

Das Menschenbild der Aufklärung war ein materialistisches. Nicht die (undurchdringliche, metaphysische) Seele, der *Körper* war der neue Schlüssel zur Wahrheit, seine Mechanismen, seine Funktionsweisen zu verstehen, das hieß, den Menschen zu verstehen und ihn gegebenenfalls reparieren zu können wie eine Maschine. Heute spitzt sich diese Verwissenschaftlichung zu in den Neurowissenschaften, die jede menschliche Regung auf Neuronenströme im Hirn zurückführen möchte, auf Ströme, die sich abbilden und messen lassen und die wieder zum Fließen gebracht werden müssen, wenn sie einmal stocken. Die Begeisterung, die diese Wissenschaftsdisziplin derzeit ausübt, ist unübersehbar: Kaum ein Phänomen findet sich noch, das wir nicht mit den Erkenntnissen der Hirnforschung zu erklären versuchen, und auch die Muße ist längst in den Kernspintomographen geschoben worden, wie Ulrich Schnabel in seinem Buch *Muße. Über das Glück des Nichtstuns* darlegt. Doch auch wenn es richtig sein mag, dass wir unser »Betriebssystem«, wie Schnabel das Arbeitsgedächtnis nennt, nicht überfordern dürfen und ihm Pausen gönnen müssen, darf nicht übersehen werden, dass die Neurowissenschaft sich dem Leistungsgedanken, der unsere Gesellschaft beherrscht, zutiefst verschrieben hat.

Das offensichtlichste Beispiel hierfür ist das sogenannte Hirndoping oder fachsprachlich ausgedrückt: das Neuroenhancement. Unter Enhancement versteht man einen korrigierenden Eingriff in den menschlichen Körper, der nicht aufgrund einer medizinisch indizierten Krankheit, sondern allein zum Zweck der *Optimierung* erfolgt. Neben schönheitschirurgischen Maßnahmen, auf die wir in diesem Buch ebenfalls zu sprechen kommen werden, fällt auch die Verabreichung leistungssteigernder Medikamente wie Ritalin oder Modafinil unter den Begriff des Enhancement. Entwickelt wurden diese Medikamente für die Behandlung von Depressionen, Aufmerksamkeitsstörungen und exzessiver Schläfrigkeit, doch weil sie auch geeignet sind, um Prüfungsängste und Konzentrationsschwächen einzudämmen, werden sie immer häufiger verabreicht, um Erschöpfte schnell wieder arbeitsfähig zu machen. Wer arbeitet, soll sich nicht quälen, sich nicht herumplagen mit körperlichen Schwächen und psychischen Blockaden. Das Genießen der Arbeit wird damit zum Programm.

Im Lichte der Neurowissenschaften erscheint der (arbeitende) Mensch als entgrenzte Lustmaschine: als ein System, das funktioniert, solange man es schmerzfrei hält. Allein: Wenn der Schmerz nur noch als Störung, als ein Fehler im System begriffen wird und Körpergrenzen lediglich dazu da sind, um überschritten zu werden, verliert der Mensch einen wesentlichen Bezugspunkt seiner Existenz. Nur wenn ich mich selbst als begrenzt erlebe, habe ich überhaupt ein Selbst; sobald ich diese Grenzen medikamentös auflöse, verschwimme ich mit meiner Umwelt und mit den Anforderungen, die sie an mich stellt. Ein spannungsvolles Verhältnis zwischen Individuum und Gesellschaft, zwischen Ich und Wir kann es nur geben, wenn der Mensch Kontur behält, wenn er seine Grenzen kennt und anerkennt und, vor dem Hintergrund einer (psychischen oder somatischen) Schmerzerfahrung, sein eigenes Leben wie auch gesellschaftliche Verhältnisse hinterfragt. Schmerz gibt Anlass zum Denken; wer ihn eindämmt, um möglichst schnell wieder arbeiten zu können, beugt sich dem Leistungsdiktat.

Wenn wir verstehen wollen, warum wir uns heute bis zur völligen Erschöpfung in der Arbeit verausgaben, und wenn wir begreifen möchten, weshalb das Genießen immer mehr Menschen außerordentlich schwerfällt, dürfen wir es nicht dabei belassen, den menschlichen Körper als radikal entkontextualisierten in den Blick zu nehmen. Wir haben nicht einfach nur ein Hirn, sondern wir haben auch eine Geschichte, eine individuelle Biographie, die sich in unseren Körpern, in unseren Gefühlen und Ängsten materialisiert und die auch unser Verhältnis zur Arbeit und zum Genuss maßgeblich beeinflusst. Und nicht nur unsere Vergangenheit ist höchst spezifisch, wir leben auch in einer ganz bestimmten Gesellschaft: einer Gesellschaft, die uns – bei aller Freiheit, die sie uns gewährt – einem überaus strengen Leistungsimperativ unterwirft. Diese individuellen und kulturellen Implikationen sieht – im Unterschied zur Neurowissenschaft – die Psychoanalyse Sigmund Freuds, auf die sich dieses Buch deshalb maßgeblich stützt: Bereits am Beginn des vergangenen Jahrhunderts bemerkte Freud die zunehmende »kulturelle Nervosität«, die verursacht wird durch gesellschaftlich geforderten Triebverzicht; und dass Depressionen und Angstzustände ihre Ursache nicht einfach in fehlerhaften Neuronenströmen haben, sondern auf komplexe, individuelle Verdrängungsmechanismen zurückgehen, ist *die* grundlegende Einsicht der psychoanalytischen Theorie. »[I]ch weiß nichts, was mir für das psychologische Verständnis der Angst gleichgültiger sein könnte, als die Kenntnis des Nervenwegs, auf dem ihre Erregungen ablaufen«, so Freud in seiner Vorlesung über die Angst.

Aus Sicht Freuds ist der Mensch kein in sich schlüssiges, autonomes, transparentes System, das, wenn alles ›normal‹ ist, funktioniert und sich im Falle einer Dysfunktion pharmazeutisch-technisch korrigieren lässt. Vielmehr ist der Mensch von Beginn an ein Mängelwesen: Er ist angewiesen auf Andere, deren Liebe und Anerkennung er begehrt und die er braucht, um zu (über-)leben. Dass wir uns nicht nur in Liebesbeziehungen, sondern auch in der Arbeit bisweilen bis zum Kollaps erschöpfen, hat fundamental mit diesem Begehren zu tun: *Wir wollen anerkannt sein.* Durch den Anderen, den wir lieben; durch das Werk, in dem wir uns spiegeln; von der Gesellschaft, für die wir arbeiten. Alles, was wir tun, ist auf einen Anderen bezogen. Und wer dessen Anerkennung nicht bekommt, kennt in seinem Ehrgeiz keine Grenze, in der Hoffnung, durch vermehrte Anstrengung doch noch Wertschätzung zu erfahren.

Es ist diese konstitutive Abhängigkeit vom Anderen, die uns in Bewegung hält und uns manchmal auch in tiefe Verzweiflung stürzt. Denn können wir uns seiner Anerkennung überhaupt jemals vollkommen sicher sein? Tatsächlich beruht der menschliche Zweifel wie auch der menschliche Wille – unsere Lebensenergie, unsere Neugierde, unser sexuelles Begehren, unser Ehrgeiz, unsere Schöpferkraft – wesentlich auf dieser Unsicherheit, die wir nie ganz überwinden können: Wir sind nun einmal keine selbstgenügsamen, fröhlich durch die Welt rollenden, vierarmigen und vierbeinigen Kugelmenschen, wie sie in Platons *Gastmahl* beschrieben werden, sondern Verlangende. So wie die Kugelmenschen, nachdem sie von Zeus in zwei Teile geschnitten wurden, sich nach ihrer verlorenen Hälfte sehnen, sehnen wir uns nach Anerkennung. Um es mit dem französischen Psychoanalytiker Jacques Lacan zu sagen: Wir begehren das Begehren des Anderen.

Doch auch wenn dieses Begehren nie restlos gestillt werden kann und wir notgedrungen (oder auch zum Glück, denn sonst hätten wir keinerlei Antrieb mehr) mit einer gewissen Grundspannung leben müssen: Dass wir heute in einem Burn-out-Zeitalter leben, zeigt deutlich, wie übertrieben wir uns für den Anderen verausgaben, wie fundamental gestört also die gesellschaftlichen Anerkennungsverhältnisse sind. Weil es in der Wettbewerbsgesellschaft primär um Erfolg geht und die Arbeit häufig lediglich ein Mittel zum Zweck darstellt, ist sie sinnentleert, hohl, und vermag kein tiefes Selbstwertgefühl zu vermitteln. Darüber hinaus ist das Verhältnis von Verausgabung und Wertschätzung vollends aus dem Lot geraten. Wir erleben zur Zeit, so meint der Medizinsoziologe Johannes Siegrist, eine schwere ›Gratifikationskrise‹. Aus ideellen oder auch strategischen Gründen erschöpfen wir uns in schlecht oder gar nicht entlohnten Projekten, machen unbezahlte Praktika, Fortbildungen, Umschulungen, stets hoffend, damit in die Zukunft zu investieren und früher oder später die angemessene Anerkennung zu erfahren. Wird die Hoffnung enttäuscht, so stellt Siegrist zusammen mit dem schwedischen Stressforscher Töres

Theorell fest, kann das »dramatische Folgen für Gesundheit und Wohlbefinden haben«.

Die lebenswichtige Struktur wechselseitiger Anerkennung hat Freud (wie vor ihm Hegel und Marx) gesehen und sie zum Fundament seiner Theorie erklärt: Anstatt den Menschen als Maschine zu verstehen, nimmt Freud ihn als *begehrenden* in den Blick – als ein Wesen, das erst in seiner Beziehung zu einem Anderen, dessen Anerkennung er sich erhofft, seine Produktivität, sein erotisches Verlangen entwickelt.

Die andere Seite der menschlichen Unvollkommenheit und Abhängigkeit, auch diese sieht Freud wie kein Zweiter, ist die Todesangst. Es ist dies die Angst vor der eigenen Ohnmacht, vor dem Ausgeliefertsein an einen Anderen, vor dem Nichts, dessen Kälte den Menschen immer dann anhaucht, wenn er die Anerkennung, nach der er sich sehnt, nicht bekommt. Die Neurowissenschaften interessieren sich für diese Angst nicht in ihrer existenziellen Dimension; sie wollen sie lediglich möglichst schnell zum Verschwinden bringen. Aber die Angst verschwindet nicht, sie wird höchstens eingedämmt; und sie verschwindet auch nicht, indem man ihr durch Hyperaktivität zu entfliehen versucht. Vielmehr führt dieser Aktivismus, je weiter man ihn treibt, geradewegs ins Nichts hinein, in die vollständige psychische Lähmung, die Angstlähmung, das körperliche und seelische ›Ausgebranntsein‹, den *Burn-out*, wie man die Depression heute euphemisierend nennt.

Die alles entscheidende Frage lautet demnach: Woran liegt es, dass wir heute so angestrengt um Anerkennung kämpfen? Findet dieser Kampf seine Ursache womöglich auch und insbesondere in der Arbeit selbst, da diese, als entfremdete, uns nicht das eigene Sein spiegelt? An welchem Punkt schlägt der Kampf um Anerkennung in eine Sucht nach Anerkennung um? Inwiefern ist der Workaholic vergleichbar mit einem

Pornodarsteller, der den Sex nicht um des Sexes willen, sondern einzig und allein für die Kamera vollzieht? Existiert womöglich ein säkularisiertes, abstraktes ›göttliches Auge‹, von dem wir uns unausgesetzt beobachtet fühlen und dem zu Gefallen wir alles unternehmen? Was ist das für ein imaginärer Anderer, dessen Blick wir auf uns fühlen? Ein liebender, der uns loszulassen erlaubt? Oder ein tyrannischer, dem wir nicht genügen können? Weshalb verausgabt sich der Workaholic bis zum Exzess? Inwiefern ähnelt er einem Asketen, der, wie es bei Paulus heißt, seinen Leib zerschlägt, um das göttliche Kleinod zu erwerben? Und: Dient der Wellness-Genuss wirklich nur dem eigenen Wohlbefinden? Oder ist er nicht doch zutiefst verschaltet mit einem emotionalen Weichspül-Kapitalismus, dessen Seele das »flüssig sein« (Wolfgang Ullmann), das flexible Floaten im globalen Raum ist?

Der Mensch ist kein unabhängiges Wesen, er existiert nur in Beziehungen; er hat immer ein Gegenüber (ob real oder imaginär, ob konkret oder abstrakt), dessen Anerkennung er sich wünscht und zu dem er sich in ein Verhältnis setzt. Dass diese Struktur auch und insbesondere für das Denken gilt, haben die antiken Denker erkannt: Der Denkakt ist, wie es in Platons *Gastmahl* heißt, eine geistige *Zeugung*, zu der naturgemäß immer zwei gehören. Entsprechend hatte Sokrates auf seinen Wandelgängen stets einen Gesprächspartner, sein Philosophieren war im wahrsten Sinne ein dialektisches, eine Kunst der Unterredung, der Gesprächsführung, des zweisamen *Müßiggangs*. Das Wort ›Genussarbeit‹ beginnt vor diesem Hintergrund zu schillern, ja bekommt einen ganz anderen Sinn: Als dialektische ist sie nicht exzessiv, sondern sinnlich, nicht rein geistig, sondern immer auch körperlich und mit Lust und Muße verknüpft. Zudem, und auch das ist entscheidend, liegt das Gelingen dialektischer Denkarbeit nie nur in der eigenen

Hand, sondern immer auch in der Macht des Anderen. Dieser Andere kann ein menschlicher Anderer sein; es kann sich aber auch um Eros handeln, um den großen Dämon der Liebe, der das Denken inspiriert, es befruchtet – und zwar in aller Regel genau dann, wenn man loslässt, träumt und nicht verkrampft nach einer Lösung sucht.

Dieses Buch beleuchtet die Genussarbeit in ihrer tiefen Ambivalenz. Sind wir dabei, die marxistische Utopie unentfremdeter Arbeit zu realisieren, nur weil wir unsere Laptops und Blackberrys mit ins Bett nehmen? Oder verwechseln wir womöglich eine lustvolle Verwirklichung durch Arbeit mit einem zwanghaften Nicht-loslassen-Können? In welchem Verhältnis steht der Genuss zum Denken? Warum brauchte Heidegger die Askese der Berghütte, um in eine intime Beziehung zum Gedanken zu treten, während Sokrates bei Speis und Trank über den Eros philosophierte? Und weshalb scheinen wir heute der Erotik des Denkens, ja der Erotik schlechthin ferner zu sein denn je? Was für einen Bezug haben wir zur Sexualität in einer Gesellschaft, die einerseits Triebverzicht fordert, andererseits aber jede auch nur denkbare Überschreitung als lustvollen Kick anpreist? Täuscht die gegenwärtige, viel beschworene Pornographisierung der Gesellschaft womöglich nur darüber hinweg, dass wir im Grunde immer prüder und asketischer werden? Leben wir tatsächlich in einer enttabuisierten, durch und durch schamlosen Zeit, wie immer wieder behauptet wird? Oder weisen exhibitionistische Talkshows und auch Slogans wie *Geiz ist geil* eher darauf hin, dass wir uns womöglich gar schuldiger fühlen denn je? Welche Folgen hat die Säkularisierung für unser Genussverhalten? Und welche der technisch-medizinische Fortschritt? Bedeutet die Tatsache, dass wir über den eigenen Körper verfügen, ihn nach Belieben trainieren, verschönern, modifizieren, seine natürlichen

Grenzen überschreiten können, wirklich einen Zugewinn an Freiheit? Oder ist die Elastizität des Körpers, seine Form-, Bieg- und Veränderbarkeit, nur ein Auswuchs ebenjener Flexibilität, die heute allenthalben gefordert ist?

Diesen und anderen Fragen widmet sich dieses Buch, das der gezwungenen Freiheit, dem freien Zwang unserer heutigen Leistungsgesellschaft auf den Grund zu gehen versucht. Einerseits sind wir so frei wie nie zuvor in der Geschichte der Menschheit; andererseits aber werden wir mit immer absurderen Leistungsanforderungen konfrontiert, die wir fatalerweise mit unserem eigenen Begehren identifizieren. Was wir wollen und was wir müssen, ist in Zeiten zunehmender Selbstverantwortung und Selbstausbeutung kaum noch unterscheidbar.

Zeigen möchte ich, dass wir gerade heute, in einer Zeit unausgesetzten Tuns und neurotischer Selbstoptimierung, wieder lernen sollten zu lassen. Das Lassen in seinen unterschiedlichen Formen ist die Freiheit des »Nicht-zu« (Byung Chul-Han), die Zweckfreiheit, die keiner Verwertungslogik gehorcht. Nur wenn wir nicht jede Herausforderung reflexhaft annehmen, nicht jede Möglichkeit zwanghaft nutzen, nur weil es sich um eine Möglichkeit handelt, sind wir wirklich frei. Es ist dies die Freiheit des Auslassens, des Einlassens und Seinlassens, die Freiheit des Nicht(s)tuns, des Ablassens, Gelassenseins und Loslassens. Erst wenn wir bereit sind, der Aktivität die Passivität an die Seite zu stellen, können wir die Gesellschaft, in der wir leben, und auch uns selbst verwandeln. An die Stelle von Entsagung und Exzessivität träte ein Genuss, der uns zum Funkeln bringt.

Das genießende Arbeitstier
Über den Menschen und seine Abgründe

Wir Menschen schauen mitunter neidvoll auf die Tiere. Wie wunderbar im Gleichgewicht die sind! Essen und jagen nur, um satt zu werden, kennen keine Haltungsschäden, keine Süchte und sind, wenn sie kein natürliches Bedürfnis quält, vollkommen entspannt. Wir hingegen: völlig aus dem Lot geraten. Wir arbeiten zu viel, genießen zu wenig, und wenn wir genießen, schlagen wir nicht selten über die Stränge und fühlen uns hinterher schuldig. Aber wem gegenüber eigentlich? Und wieso? Weshalb ist Genuss Sünde? Warum haben wir im Gegensatz zu den Tieren ein so gespaltenes, kompliziertes, ja zwanghaftes Verhältnis zu den eigenen Lüsten?

Um diese Fragen zu beantworten, lohnt sich zunächst ein Blick in unsere Kulturgeschichte. Wer genießt, darin sind sich die großen Erzählungen des Abendlandes einig, macht sich schuldig. Schuldig an Gott und schuldig an der Gesellschaft, denn der Genuss dient weder dem Allmächtigen noch der Moral, sondern einzig und allein der Lust. In der Schöpfungsgeschichte bringt das Naschen vom Baum der Erkenntnis tiefe Scham und die Vertreibung aus dem Paradies mit sich. Der verbotene Genuss ist der Grund dafür, dass der Mann sich im Schweiße seines Angesichts bei der Arbeit quälen muss, während die Frau unter Schmerzen gebärt. Der Mensch, ein Erbsünder, so lehrt uns die Bibel. Doch auch aufgeklärte Philosophen mahnen seit jeher, dass man den Lüsten keinen freien Lauf lassen sollte. Georg Wilhelm Friedrich Hegel etwa behauptete, dass nur, wer seine Begierde »hemmt« und die Früchte der Natur unter Mühen bearbeitet, anstatt sie sofort zu verschlingen, seine Triebhaftigkeit überwinden und so zu wahrer, nachhaltiger Befriedigung durch das von ihm gestaltete Werk gelangen kann. Ein Mensch hingegen, dessen Lust sich in Verzehr und Vernichtung erschöpft, versinkt im Genuss, einem höchst flüchtigen Vergnügen, denn aus dem Genuss geht nichts hervor. Ja, die Gefahr ist groß, dass man dem einen Genuss sogleich den nächsten folgen lässt, dass man sich verliert in einer Endlosschleife des Genießens, weil die ersehnte Befriedigung sich nicht einstellen will. Und Hegel war, was die Missbilligung des Genießens angeht, noch vergleichsweise gnädig. Am vernichtendsten nämlich urteilte der große Aufklärer und Pflichtethiker Immanuel Kant über den Genuss. »Daß aber eines Menschen Existenz *an sich* einen Wert habe, *welcher* bloß lebt […] um zu genießen […]: das wird sich die Vernunft nie überreden lassen«, ist in seiner *Kritik der Urteilskraft* zu lesen. »Nur durch das, was er tut ohne Rücksicht auf Genuß, in voller Freiheit und unabhängig von dem, was ihm die Natur auch leidend verschaffen könnte, gibt er seinem Dasein als der Existenz einer Person einen *absoluten* Wert.« Weil er sein Tun nicht auf eine Pflicht, sondern auf seine Neigung gründet, verspielt der Genießende für Kant seinen »Wert«: Er ist abhängig von seiner Natur, von seinen Trieben und daher kein vollwertiges, verlässliches Mitglied der Gesellschaft.

Das klingt hart, und wir werden noch erfahren, warum der »Alleszermalmer« – so wurde Kant des Öfteren im Zuge der Philosophiegeschichte genannt – auf fatale Weise irrt: Ein Mensch, der *alle* Neigungen zurückbannt, um *einzig und allein* der Pflicht zu dienen, ist eine Maschine, die so lange arbeitet, bis sie zusammenklappt. Nichtsdestotrotz hat selbst der gestrenge Kant in einem Punkt durchaus recht: Wer immer nur genießt, ist zu wertvoller Kulturarbeit kaum fähig. Nur weil wir unsere Lüste kontrollieren und uns in Triebverzicht beziehungsweise -aufschub üben, gehen wir höflich miteinander um und morgens ins Büro. Würden wir unsere Begierden nach Lust und Laune ausleben, gäbe es keine Kultur, keine Moral, keine Zivilisation. Maschinen, Straßen, Supermärkte, Computer, Mathematik, Biologie, Physik, Philosophie, Diplomatie, Tische, Stühle, Bänke, Brot und Butter, Kinos, Jonathan Franzens Roman *Freiheit* oder die amerikanische Kultserie *The Sopranos*, keine einzige zivilisatorische Errungenschaft würde existieren, wenn der Mensch nicht seit jeher von unmittelbarer Triebbefriedigung abgesehen und sich stattdessen Tätigkeiten wie Bauen, Konstruieren, Forschen, Denken, Backen, Schreiben und Entwerfen, kurz: der Arbeit, zugewandt hätte. Die Fähigkeit zu Entsagung und Triebaufschub macht den Menschen tatsächlich überhaupt erst zum Menschen, das heißt zu einem denkenden, schöpfenden und, last but not least, sittlichen Wesen: Anders als das Tier koitiert der Homo sapiens nicht an jeder Straßenecke, anstatt auf Bäumen schläft er in von ihm gebauten Häusern, sein Essen bereitet er erst zu, bevor er es verspeist, und zur Begrüßung riecht er nicht am Anus seines Gegenübers, sondern schüttelt ihm die Hand. Ja, alles Animalische ist dem Menschen zutiefst zuwider, er verachtet jedes instinktgeleitete Handeln, in der Politik genauso wie im Alltag, und wenn unter den Achseln eines Artgenossen das Deo oder im Bad die Zitrusfrische fehlt, rümpft er die Nase. Was der Mensch schätzt, ist das Erhabene, Saubere, Rationale, ganz gemäß der Position seines Kopfes, den er nicht wie das Tier auf der Höhe seiner Geschlechtsteile trägt, sondern, dank seines aufrechten Ganges, weit, weit oben.

28

»Heiliger aber als sie [die Tiere] ein Wesen noch fehlte, das hohen
Sinnes fähiger sei und die übrigen könne beherrschen.
Und es wurde der Mensch. Mag sein, daß der Meister der Dinge,
Er, der Ursprung der besseren Welt, ihn aus göttlichem Samen
Schuf, mag sein, daß Erde, die jüngst erst getrennt von dem hohen
Äther, den Samen vom ursprungsverwandten Himmel behalten,
Erde, die dann des Iapetus Sohn, vermengt mit des Regens
Wassern, geformt nach dem Bild der alles lenkenden Götter.
Während die übrigen Wesen gebeugt zur Erde hin sehen,
Gab er dem Menschen ein aufrecht Gesicht und hieß ihn
    den Himmel
Schauen, aufwärts den Blick empor zu den Sternen erheben.«

So heißt es in Ovids *Metamorphosen*. Der ›stolze‹ Mensch lässt
seinen Blick in metaphysische Ferne schweifen, er ist fähig
zu Lustverzicht und abstrahierendem Denken. Während das
gebeugte Tier an diesem oder jenem Apfel schnuppert und
schleckt, überblickt er die Gattung der Kernobstgewächse;
und anstatt die Frucht sofort zu verspeisen, wenn sie ihn lockt,
dreht und wendet er sie in der Hand, untersucht sie, vergleicht,
systematisiert und katalogisiert die verschiedenen Arten.
    Doch gerade dies, dass dem Menschen ein wie auch immer
geartetes ›natürliches‹ Triebleben schon immer verwehrt ist
und er sich ständig zügeln, kontrollieren und zu Kulturarbeit
motivieren muss, ist der Grund dafür, dass er sich in sogenannten schwachen Momenten kopfüber, ja mitunter nachgerade halsbrecherisch ins Reich der Nahsinne stürzt. Von
der angestrengt zurückgehaltenen Lust überwältigt, wühlt
er sein ansonsten so erhabenes Haupt zwischen Brüste und
Beine, schnuppert gierig an Geschlechtsteilen und Achselhöh-
len, schleckt und tastet und koitiert und trinkt und isst ganze
Nächte hindurch.

Tatsächlich ist der Genuss nur die andere Seite des ständigen Triebverzichts: Je strenger der Verzicht, desto ekstatischer das Genießen. Die Pflicht zur Entsagung, die das Genießen angeblich nur zu unterdrücken versucht, bringt es in Wahrheit selbst hervor. »Ich wüßte nichts von der Begierde, wenn das Gesetz nicht sagte: ›Du sollst nicht begehren!‹«, so heißt es bereits in den Römerbriefen des Apostels Paulus. »Nachdem aber die Sünde durch das Gesetz einen Anlaß empfangen hatte, hat sie in mir jedwede Begierde geweckt; denn ohne Gesetz wäre die Sünde tot.« Der Mensch genießt, weil er anders als das Tier von einem ›Gesetz‹, von einem Verbot beherrscht wird, das ihm die ungezügelte Sinneslust seit jeher verwehrt und sie deshalb allererst reizvoll erscheinen lässt. Auch Adam und Eva mussten erst schamhaft ihre Geschlechtsteile voreinander verbergen, um sich als geschlechtliche Wesen wahrzunehmen und sexuell zu begehren; im schuldlosen Paradieszustand waren sie so ungeschlechtlich wie Badegäste am FKK-Strand. Ohne Gesetz gäbe es keine Sünde. Nur weil wir seit jeher von einer Grenze durchzogen sind, die das Erlaubte vom Verbotenen, das Sittsame vom Verdorbenen, das Vernünftige vom Unvernünftigen trennt, können wir genießerische Wollust empfinden: nämlich in jenem Augenblick, in dem wir die Grenze *überschreiten.*

»Aber im Augenblick des Überschreitens empfinden wir die Angst, ohne die es das Verbot nicht gäbe: das ist die Erfahrung der Sünde«, schreibt der französische Philosoph Georges Bataille. »Die Erfahrung führt zur vollendeten Überschreitung, zur geglückten Überschreitung, die, indem sie das Verbot aufrechterhält, es aufrechterhält, *um es zu genießen.*« Wer genießt, macht sich schuldig, weil er ein Verbot überschreitet. Doch gerade diese Schuld erzeugt eine in höchstem Maße erregende Angst-Lust, ein ekstatisches Gefühl des Aufbegehrens gegen eine Untersagung, die gleichwohl wirkmächtig bleibt – denn sie ist es ja, die das Genießen überhaupt erst ermöglicht und deshalb, wie Bataille sagt, ›aufrechterhalten‹ werden muss. »Ah!«, lässt der Romancier und Pornograph Marquis de Sade, der Meister der Überschreitung, einen seiner lüsternen Libertins stöhnen, »wenn ihr nur wüßtet, was es heißt, zu Füßen einer Madonna zu vögeln … im Innern eines Beichtstuhls oder auf dem Rande eines Altars, wie es mir Tag für Tag vergönnt war! Nein, nichts auf Erden ist so köstlich, wie das Vorhandensein dieser Zügel, deren einziger Dreh und Sinn darin geht, uns die Lust an der Übertretung zu verschaffen.« Und an anderer Stelle heißt es: »Wenn diese törichten Gesetzgeber doch nur wüßten, wie beflissen sie unsere Gefühle befördern, indem sie sich das Recht anmaßen, dem Menschen Satzungen aufzuerlegen: sich keinen Deut um Gesetze zu scheren, sie samt und sonders zu brechen, mein Freund, dies ist die wahre Kunst, Wollust zu empfinden. Erlerne diese Kunst und zerreiße alle Zügel.«

Vor diesem Hintergrund wird verständlich, warum die Lust des Menschen sich vom animalischen Instinkt fundamental unterscheidet: Wo Tiere lediglich eine Naturnotwendigkeit verspüren, reizt den Menschen die Überschreitung einer kulturellen Grenze. Der menschliche Trieb ist nicht einfach natürlich, sondern er empfängt seine Intensität vom Verbot, das er genießend bricht und damit gleichzeitig bestätigt. Dieses Verbot, dieser Zwang zum Triebverzicht ist verantwortlich dafür, dass uns unsere Lüste entgleiten, dass wir exzessiv sind, obwohl wir doch eigentlich maßhalten wollen; und je strenger wir uns beschränken, desto größer wird sogar die Gefahr des Exzesses.

Heute, zweihundert Jahre nach der Aufklärung und vierzig Jahre nach der sexuellen Revolution, haben sich die kulturellen Verbote natürlich tiefgreifend verändert – verschwunden aber sind sie keineswegs. Der moderne, aufgeklärte Mensch muss nicht mehr aus Glaubensgründen fasten, freitags auf Fleisch verzichten und mit dem Sex bis zur Ehe warten; dennoch sind wir in unserer heutigen Hochleistungsgesellschaft ganz offensichtlich weit davon entfernt, wieder schuldlos wie die Tiere zu werden und uns ohne Gewissensbisse dem Nichtstun hinzugeben. Unsere Gesellschaft, in der mehr denn je Schlankheit, Sportlichkeit, Gesundheit, Produktivität und Effektivität gefragt sind, verlangt uns ganz im Gegenteil ein immer höheres Maß an Triebverzicht ab. Dieser Triebverzicht ist nicht mehr an die göttliche Untersagung gebunden, sondern an strengste individuelle Selbstkontrolle, die durch die Angebote der heutigen Überflussgesellschaft zusätzlich herausgefordert – beziehungsweise konterkariert – wird. Inmitten von All-you-can-eat-Angeboten, Shopping per Mausklick und frei verfügbarer Internetpornographie muss der Mensch seine Lüste umso strenger zügeln; und umso gefährdeter ist er gleichzeitig, in die Sucht abzugleiten. Denn wie soll er damit umgehen, dass ein und dieselbe Gesellschaft ihm den Genuss verbietet *und* aufdrängt? »Sucht steht für die Unmöglichkeit einer vollständigen Selbstkontrolle«, schreibt der französische Soziologe Alain Ehrenberg in seinem Buch *Das erschöpfte Selbst*. Der Süchtige »steht in einem ›unmöglichen‹ Verhältnis zum Gesetz. Die Freiheit der Sitten, also das Verschwinden der Polarität erlaubt – verboten … bewirk[t], dass alles *konkret* möglich wird.« Unsere Konsumleistungsgesellschaft fördert zwanghaftes Genießen, weil sie einerseits auf strengstem Verzicht beruht, andererseits aber durch ihre ständigen Reize die Lust an der Überschreitung provoziert. Was sie verbietet, preist sie gleichzeitig an.

Diese prekäre Dialektik von ständiger Verlockung und notwendiger Selbstkontrolle, von Freiheit und Zwang, von

Lust und Untersagung führt dazu, dass jenes Genießen, das Sade und Bataille in ihren Werken beschreiben, heute immer häufiger in quälender Zwanghaftigkeit stattfindet. Das Verbot, das aufrechterhalten wird, ›um es zu genießen‹, wie Bataille schrieb, ist kein Quell der Lust, sondern ein Quell der Unlust, weil seine von ihm selbst erzwungene Überschreitung einzig und allein tiefe Scham mit sich bringt. »Nein, nein, nein, nein, nein, ich darf die Schokolade nicht essen!«, sagt die essgestörte Frau still zu sich selbst, vor ihr auf dem Tisch eine 400-Gramm-Tafel Vollmilchschokolade. »Hinterher werde ich mich dick fühlen und hässlich und schlecht und schuldig. Nein, nein, nein!« Aber dann, in einem Anflug von Gier, greift ihre Hand doch danach, Sünde, Sünde, Sünde!, ruft das Gewissen, aber das macht die Lust nur umso hemmungsloser: Das Papier wird aufgerissen und die Schokolade in Windeseile, um es mit Hegel zu sagen, ›negiert‹. Auch die esssüchtige Frau stürzt sich kopfüber in ein Genießen, wenn man so will – aber in kein lustbringendes, sondern in ein hilfloses, selbstzerstörerisches, zwanghaftes Genießen, das seine Ursache im Über-Ich, dem psychischen Repräsentanten des kulturellen Gesetzes, findet. »Nichts zwingt jemanden zu genießen, außer dem Über-Ich«, schreibt der Psychoanalytiker Jacques Lacan. »Das Über-Ich, das ist der Imperativ des Genießens – *Genieße!*«

Dass genau dieser Imperativ im Zentrum der heutigen Konsumkultur steht, ist natürlich bezeichnend. *Genieße!* ruft man uns allenthalben zu. Morgens sollen wir den duftenden Kaffee genießen, tagsüber die Arbeit und abends den Sport. Wir sollen uns lächelnd in Schaufenstern betrachten (Du darfst!) und uns selbst wichtig nehmen (Unterm Strich zähl ich!). Wir sollen uns etwas gönnen. Neue Schuhe zum Beispiel, ein neues Haus oder ein Wellness-Wochenende. Wir sollen erregt sein. Lieber geiles Bier als gepflegtes Pils trinken. Pornos gucken.

Wir sollen mit dem Finger zärtlich über virtuelle Oberflächen streichen. Wir sollen Flatrates haben. Online sein. Ununterbrochen kommunizieren. Wir sollen mit schnellen Autos durch staubige Kurven fahren. Wir sollen Schnäppchen jagen. All-inclusive-Angebote nutzen. Zum Shoppen nach London jetten. Wir sollen die Vorteile eines Darlehens genießen. Wir sollen in Aktien investieren und auf den Bankrott eines Staates wetten. Wir sollen Schmerz vermeiden und Lust maximieren. Der Mensch im Kapitalismus genießt bis zur absoluten Erschöpfung. Der Lust am ›Weniger‹ frönt er genauso wie der Lust am ›Mehr‹, Diätvorschläge fordern zum kollektiven Hungern, All-you-can-eat-Angebote zum kollektiven Überfressen auf, und während die einen für einen billigen Flachbildschirm sogar nachts die Discounter stürmen, erfüllt es die anderen, 42 Kilometer lang über Großstadtasphalt zu hetzen.

Diese Exzessivität des Genießens ist kein Zeichen von zunehmender Freiheit, sondern vielmehr das Symptom eines extremen Triebverzichts: Genuss, so haben wir oben gesehen, kann es schließlich nur geben vor dem Hintergrund von Entsagung, und je größer diese ist, desto zwanghafter das Genießen. Die Schizophrenie der heutigen Gesellschaft ist somit offensichtlich: Das uns von überall her der Imperativ *Genieße!* entgegenhallt – und wir ihm gehorchen –, zeigt, wie verklemmt, wie prüde, wie asketisch diese Kultur im Kern ist.

Eindrücklich offenbart sich die gegenwärtige Lustfeindlichkeit auch in einer derzeit höchst beliebten Form des Genießens, das die Grenze brav akzeptiert, anstatt sie zu überschreiten. »In der Kultur westlicher Gesellschaften hat etwa Mitte der neunziger Jahre etwas stattgefunden, das man – mit einem Wort von Karl Marx – als einen Wechsel der Beleuchtung beschreiben möchte«, so der österreichische Philosoph Robert Pfaller. »Objekte und Praktiken wie Alkoholtrinken, Rauchen,

Fleisch essen, schwarzer Humor, Sexualität, die bis dahin glamourös, elegant und großartig lustvoll erschienen, werden seither plötzlich als ekelig, gefährlich oder politisch fragwürdig wahrgenommen.« Aus der ekstatischen Wollust scheint in der Tat immer mehr eine gesellschaftskonforme ›Wohllust‹ zu werden: Die heutige Genusskultur ist eine Wellness-Kultur, in welcher der Geschlechtsakt höchstens noch der Entspannung dient, das Rauchen verboten und das Maßhalten unentwegt angeraten wird. Der Wellness-Genuss ist kein transgressiver, überschreitender Genuss, sondern ein zutiefst affirmativer: Genossen – sofern von Genuss überhaupt noch die Rede sein kann – wird das Gesunde, Reine, Biologische, Gute, Ungefährliche, das dem Leistungsimperativ keineswegs zuwiderläuft, sondern ihm zuarbeitet.

Besuchen wir, um der Logik des vernünftigen Genießens auf den Grund zu gehen, den berühmten Seefahrer Odysseus auf seinem schwankenden Kahn – jenen rationalen Genießer, der sich lieber fesseln lässt, anstatt der süßen Verlockung nachzugeben. Kommt uns das nicht irgendwie bekannt vor?

Odysseus in der Sauna
Wie aus der Wollust die Wohllust wurde

Ein Mann auf hoher See, aufrecht steht er am Mast, starr, unbeweglich. Unter ihm sitzt, auf harten Bänken und mit verstopften Ohren, sein ruderndes Gefolge. Der Mann ist gefesselt. Auf sein Geheiß hin haben ihn die Ruderer mit starken Seilen an den Mast geschnürt. Doch plötzlich windet er sich, schreit, bittet, man möge ihn befreien! Die tauben Gefährten sehen seinen weit aufgerissenen Mund, seine verzweifelten Augen, doch anstatt seinem Flehen nachzugeben, schlingen sie die Seile nur noch fester um seinen Leib. Der Mann daraufhin reckt, so weit es ihm möglich ist, Kopf und Oberkörper nach vorne, er bemerkt die schneidenden Fesseln nicht, sondern hört nur den süßen Gesang zweier vogelähnlicher Frauen, die, umringt von Gebeinen und getrockneter Haut, auf einem begrünten Eiland sitzen:

»Hierher, Odysseus, Ruhm aller Welt, du Stolz der Achaier!
Treibe dein Schiff ans Land, denn du musst unsere Stimmen
    erst hören!
Keiner noch fuhr hier vorbei auf dunklen Schiffen, bevor er
Stimmen aus unserem Munde vernommen, die süß sind wie Honig.«

Doch Odysseus, so der Name des Mannes, lenkt sein Schiff nicht an Land. Dank einer Warnung der Göttin Kirke wusste er rechtzeitig, dass die Sirenen ihn locken würden; und auch wusste er, dass er, wenn er ihrem Lockruf nachgäbe, sterben würde wie all die anderen Seeleute, auf deren Knochen die todbringenden Wesen sitzen. Und so folgt er Kirkes klugem Rat, den Gefährten mit Wachs die Ohren zu verstopfen und sich anschließend von ihnen an den Mast binden zu lassen – zumal ihm auf diese Weise die bezaubernden Lieder der Sirenen durchaus nicht entgehen. Nur die Ruderer werden ihres Gehörs beraubt, damit sie taub sind für die Verführungskraft der Sirenen und ihren Herrn kühlen Kopfes vor sich selbst schützen können; Odysseus dagegen kann den Gesang genießen, ohne sich von ihm auf tödliche Weise hinreißen zu lassen.

Odysseus, wie er am Mast steht, gefesselt, entsagend und doch genießend – er ist Sinnbild für einen Genuss, der sich durch strengste *Selbstkontrolle* und rationalen *Verzicht* auszeichnet. Odysseus überlässt sich nicht kopflos dem tödlichen Zauber des Sirenengesangs, sondern er bewahrt gesunden Abstand zum Objekt des Begehrens und damit die absolute Herrschaft über sich selbst. »Der gefesselt Hörende«, schreiben die Philosophen Max Horkheimer und Theodor Adorno in ihrer *Dialektik der Aufklärung*, »will zu den Sirenen wie irgendein anderer. Nur eben hat er Veranstaltung getroffen, daß er als Verfallener ihnen nicht verfällt.«

Indem Odysseus seine Triebe im wahrsten Sinne des Wortes zügelt und sich damit als stabiles, über jede Verführbarkeit erhabenes Selbstbewusstsein behaupten kann, nimmt er vorweg, was wir im 21. Jahrhundert längst bis ins Letzte perfektioniert haben: nämlich einen vernünftigen, gesundheitsbewussten Genuss, der an die Stelle des genussvollen, ekstatischen Selbst*verlusts* umgekehrt die *Erhaltung* und *Instandsetzung* des Selbst setzt. Im Wohlfühlgenuss wollen wir uns nicht verlieren, sondern wir wollen uns wiederfinden, wir wollen unsere Grenzen nicht auflösen, sondern diese durch eine noch reinere

Haut, einen noch strafferen Po und eine noch größere Zurückhaltung beim Trinken und Essen umso präziser markieren. »Das Buffet, das wir kaum noch anrühren, der verschmähte Rest auf dem Teller, das Rumoren eines nicht ganz gefüllten Magens – das sind zweifellos zivilisatorische Errungenschaften«, stellt der Publizist Tobias Kniebe im Frühjahr 2008 im *Magazin der Süddeutschen Zeitung* fest. Eine zivilisatorische Errungenschaft sind diese Formen der Wohlstandsaskese insofern, als sie von einem hohen Maß an Kultiviertheit und Selbstbeherrschung zeugen. Der Wohlstandsasket schnallt den Gürtel nicht enger, weil er muss, sondern weil er sich gefällt in der freiwilligen Geste der Entsagung. Den Trieb unter Kontrolle zu haben bedeutet Autonomie nicht nur gegenüber den eigenen dunklen Mächten, sondern auch gegenüber der Überflussgesellschaft, die uns ein Gratishäppchen nach dem anderen feilbietet. Der Berliner Kulturwissenschaftler Thomas Macho schreibt: »Wer mit permanenter Fülle konfrontiert wird, sehnt sich nach Leere: nach einer Erlösung vom Zwang, alle Genussangebote akzeptieren zu müssen. Wer unaufhaltsam versorgt wird, beginnt nach Entzug zu streben. Daher ist es keineswegs verwunderlich, daß sich – gewissermaßen als Reaktion auf stets besetzte Supermarktregale – ein Typus alternativer Sinnstiftung etabliert hat: etwa in Gestalt pseudoasketischer Lebensweisheiten, die Verzicht und Enthaltsamkeit predigen. Jedem zeitgenössischen Kochrezept korrespondiert ein Diätvorschlag; jeder Metzgerei ein Reformhaus; jeder Werbung für ein neues Nahrungsmittel ein Medikament gegen ›Völlegefühle‹ oder Gastritis.«

Während weltweit Millionen von Menschen hungern und ums nackte Überleben kämpfen, haben wir das Luxusproblem ständiger Nahrungsmittelüberverfügbarkeit, die den Verzicht notwendig und durchaus auch attraktiv macht. Wer einen letzten Rest auf dem Teller lässt, wer lieber weniger als mehr isst, zeigt damit seine Souveränität, seine Selbstbestimmtheit, seine Diszipliniertheit und nicht zuletzt auch seine Schichtzugehörigkeit an. Mit den All-you-can-eat-Essern, denen der Spätkapitalismus durch Flatrate-Angebote unaufhörlich das Maul stopft, hat der gesundheitsbewusste Wellness-Genießer nichts zu tun. Gierig sind die anderen, die aus den unteren Lagen der Gesellschaft, die Colatrinker, Pornogucker und Fastfood-Konsumierer. Und um sich von ihnen abzugrenzen, übt der gehobene Mittelschichtler sich in vornehmer Entsagung. Dass allerdings ein solches Verhalten zugleich auch seelische Verarmung bedeutet oder zumindest bedeuten *kann*, daran lassen die Philosophen Horkheimer und Adorno keinen Zweifel. Odysseus, so schreiben sie, stellt ein Selbst vor,»das immerzu sich bezwingt und darüber sein Leben versäumt […] Er […] kann nie das Ganze haben, er muß immer warten können, Geduld haben, verzichten, er darf nicht vom Lotos essen und nicht von den Rindern des heiligen Hyperion«.

Doch greifen wir nicht vor. Denn zunächst einmal ist nicht von der Hand zu weisen, dass Genuss in gewisser Hinsicht durchaus die Fähigkeit zur Entsagung und Selbstkontrolle voraussetzt. Hätte Odysseus sich nicht an den Mast binden lassen, er wäre verloren gewesen. Der lebensgefährlichen Versuchung standhalten konnte er nur, indem er seinen Leib bezähmte. In der Tat ist unkontrollierter Genuss gefährlich nah an der Sucht, weshalb es unter Umständen sogar lebensnotwendig ist, auf manche Annehmlichkeit zu verzichten – so verlockend sie auch erscheinen mag. Wir entscheiden uns, das wusste bereits der antike Philosoph Epikur,»nicht schlichtweg für jede Lust, sondern es gibt Fälle, wo wir auf viele Annehmlichkeiten verzichten, sofern sich weiterhin aus ihnen ein Übermaß von Unannehmlichkeiten ergibt«.

Darüber hinaus ist der Ungezügelte unfähig, das Objekt seines Begehrens in seiner ganzen Schönheit zu erkennen. Man denke nur an den überhasteten Geschlechtsakt, bei dem sich Liebende im Grunde keines Blickes würdigen. Nur wenn der Genießer seine Triebhaftigkeit überwindet, verwandelt sich das Objekt seines Begehrens von einem natürlichen Ding, das lediglich Bedürfnisse befriedigt, zu einem bewunderungswürdigen Kunstwerk. Der Genießer hat es sorgsam arrangiert und zunächst in all seinen feinen Einzelheiten betrachtet, bevor er es sich langsam, nach Manier eines *Connaisseurs*, einverleibt. Wer genießen will, muss sich Zeit nehmen, um eine gewisse Atmosphäre zu schaffen, er muss eine Situation zu inszenieren wissen, in der das begehrte Objekt – sei es ein Teller Pasta oder ein anderer Körper – seinen ganzen Reiz entfalten kann. »Die Verwandlung in ein Artefakt, die Metamorphose in ein Kunstwerk, ist es, was ... eine Intensität entstehen läßt, die sich nicht der Natur, sondern allein kunstvoller Inszenierung und Dramatisierung verdankt«, scheibt Nikolaus Lagier in seinem Buch *Die Kunst des Begehrens*. Homers Odysseus verhält sich in dieser Hinsicht geradezu vorbildlich. Anstatt sich den Sirenen einfach hinzugeben, dramatisiert er die Begegnung mit ihnen und hält, damit einhergehend, einen ehrerbietenden Abstand ein. Insofern ist Odysseus tatsächlich der kultivierte Genießer par excellence, ja, der gefesselte Held gemahnt gar an einen Konzertgänger, der den Sopranistinnen auf der Bühne gern nah sein würde, aber, da er die Grenze nicht überschreiten darf, wie gebannt auf seinem Platz verbleibt und genau dadurch Intensität, *Spannung* entstehen lässt. »Der Gefesselte«, so Max Horkheimer und Theodor Adorno, »wohnt einem Konzert bei, reglos lauschend wie später die Konzertbesucher, und sein begeisterter Ruf nach Befreiung verhallt schon als Applaus.«

Genuss setzt also Inszenierung, Dramatisierung und damit einhergehend einen gewissen Abstand zum begehrten Objekt voraus, was wiederum bedeutet, dass der Genießer zu Triebaufschub, Selbstkontrolle und Enthaltsamkeit fähig sein muss. Doch es besteht die Gefahr, dass der Genießer die Inszenierung und Dramatisierung überkultiviert und auf diese Weise, so paradox es klingen mag, *pervertiert*. Der Genießer will genießen, aber ist doch nur damit beschäftigt, die perfekten Voraussetzungen dafür zu schaffen! Geradezu zwanghaft hält er sich mit bestimmten Ritualen auf, die immer gleich zu sein haben und höchsten Standards genügen müssen. Gerade im Urlaub, der schwer verdienten Auszeit, reicht nicht ausnahmsweise mal ein Eintopf oder eine Wurst mit Pommes im Stehen. Unermüdlich sucht er das perfekte Restaurant, um dann spätnachts übelgelaunt und hungrig ins Hotel zurückzukehren, von dem er sich auch mehr versprochen hatte. Ja, selbst wenn ihn die Wurst mit Pommes im Grunde sogar reizt und er, nach einem Tag am Meer, Heißhunger auf Salziges verspürt, kann er sich nicht zum Verzehr entschließen. Stattdessen umkreist er die verheißungsvolle Wurst wie ein Zwangsneurotiker das verbotene Objekt und verliert sich in Ersatzhandlungen.

Der kultivierte Genießer erhebt den kontrollierten Genuss zum Kult. Diesem Kult wird alles geopfert, die Spontaneität, die Gier, die Lust, ja, sogar der Genuss selbst: Im Vordergrund steht nicht mehr das Genießen, sondern das rigide Maßhalten. Kein Schluck Wein, der vom asketischen Kult-Genießer nicht auf seine Spätwirkungen hin bedacht würde. Und bei der Frage, ob er noch einmal nachnehme vom Hirschragout, hebt er abwehrend die Hand, als habe man ihn mit dieser Frage regelrecht bedroht. Gewiss, der Körper dankt es uns, wenn wir nicht spätabends oder gar nachts noch schwer essen und das Ganze womöglich noch mit einer Flasche Rotwein herunterspülen. Doch, so wusste Walter Benjamin: Wer immer nur maßhält mit allem, kommt nie zu wahrer Welterfahrung – denn ein tiefes Eintauchen in das Wesen der Dinge ist allein, schreibt der Philosoph, dem Gierigen vorbehalten: »Der hat noch niemals eine Speise erfahren, nie eine Speise durchgemacht, der immer Maß mit ihr hielt. So lernt man allenfalls den Genuß an ihr, nie aber die Gier nach ihr kennen, den Abweg von der ebenen Straße des Appetits, der in den Urwald des Fraßes führt. Im Fraße nämlich kommen die beiden zusammen: die Maßlosigkeit des Verlangens und die Gleichförmigkeit dessen, woran es sich stillt. Fressen, das meint vor allem: Eines, mit Stumpf und Stil. Kein Zweifel, daß es tiefer ins Vertilgte hineingelangt als der Genuß. So wenn man in die Mortadella hineinbeißt wie in ein Brot, in die Melone sich hineinwühlt wie in ein Kissen, Kaviar aus knisterndem Papier schleckt und über einer Kugel von Edamer Käse alles, was sonst auf Erden essbar ist, einfach vergißt.«

Was tun Babys, sobald sie greifen, sobald sie *be*greifen können? Sie stecken sich alles, was in ihre Reichweite kommt, in den Mund und lutschen, schmecken, schlecken, um die Welt zu erkunden. Doch je besser erzogen wir sind und je gediegener das Ambiente ist, desto mehr ist Zurückhaltung gefordert – ja, man wird im schlimmsten Fall noch nicht einmal satt. So scheint es in manchem Restaurant gar nicht darum zu gehen, seinen Hunger zu stillen, sondern sich an dem kunstvollen Arrangement winziger Essenspartikel auf einem viel zu großen Teller zu ergötzen. Das Essen dient nicht primär der Nahrungsaufnahme als vielmehr der Schaulust, ja, der Genuss des Essens degeneriert gewissermaßen zum pornographischen Akt. Wie beim Konsum eines Pornos hält der Genießer das Objekt des Begehrens so sehr auf Abstand, dass er nicht mehr es selbst, sondern nur noch sein Abbild genießt. Es handelt sich um eine Entfremdung, ja beinahe um eine *Abscheu* vor dem, um das es doch eigentlich geht, nämlich um das Essen selbst. So wie der Pornokonsument den Geschlechtsakt nur im Bild, das heißt geruchlos und unberührbar hinter Glas erträgt, scheint auch der *Nouvelle-Cuisine*-Genießer vor der Taktilität, dem Geruch, der verführerischen Macht des Essens zurückzuschrecken, und deshalb lässt er sein Verlangen erst gar nicht so weit kommen. Ähnliches gilt auch für die mittlerweile vielfach adaptierte, längst zur Mode gewordene Molekularküche des katalanischen Starkochs Ferran Adrià. In höchst aufwendigen Verfahren verändert Adrià die Struktur des Essens und vergrößert durch die Technik des Aufschäumens dessen Oberfläche, wodurch sich der Geschmack intensiviert. Der Berliner Kunstkoch Jochen Fey sagt über dessen Schaumküche:»Bei Ferran Adrià handelt es sich wie damals bei der ›Nouvelle Cuisine‹ um eine Küche für Menschen, die satt sind, und das Essen wird im besten Falle zu einem Geschmackserlebnis ohne Ernährung und Sättigung. Darüber hinaus wird die Taktilität der Speisen und Substanzen vernichtet und/oder verändert, dadurch entfällt ihre Lesbarkeit, die Erinnerung und auch die Assoziationsbildung […] Das schon heute weiter verbreitete […] Aufschäumen von z. B. Gemüsen verschafft den unterschiedlichsten Ingredienzien eine gleiche Taktilität im Mund. Ja, die Vergrößerung der Oberfläche durch das Aufschäumen ermöglicht eine Geschmacksintensivierung. Dieser Vorteil wird aber durch den Verlust der ureigenen Taktilität der Substanz wieder zunichte gemacht.«

Um des Geschmacks willen löffelt der Genießer das Gänsebein also wie einen Brei, der die Ursprungsgestalt des Zugerichteten nicht mehr erahnen lässt. Wo aber, fragt Fey, bleibt da die Erinnerung? Um jene viel zitierte Passage aus Prousts berühmtem Roman *Auf der Suche nach der verlorenen Zeit* einmal mehr zu bemühen: Wäre Prousts Hauptfigur Marcel im Strudel seiner Erinnerungen versunken, wenn er statt des Madeleine-*Gebäcks* einen Löffel Madeleine-*Schaum* gegessen hätte? Wohl kaum, denn er hätte die Madeleine noch nicht einmal in den Tee tunken können! Als Schaum verliert das Ding seine Geschichte, seinen Körper und seine Bedrohlichkeit. Er bleibt nicht im Halse stecken, birgt keine von außen unsichtbaren Knochen, Knorpel, Sehnen in sich, sondern stellt vielmehr eine transparente, ungefährliche Oberfläche dar. Auf diese Weise bekommt der Genuss etwas Unwirkliches, Künstliches, ja beinahe *Virtuelles*, scheint er doch mit dem ursprünglichen Ding nicht mehr viel zu tun zu haben.

Aber, so könnte man an dieser Stelle einwenden: Ist Künstlichkeit *an sich* unbedingt von Nachteil? Gut, dem Schaumpilz fehlt die Taktilität eines echten Pilzes, aber was wäre, wenn man einen Kunstpilz herstellen könnte, der aussieht und sich anfühlt wie ein Wald-und-Wiesen-Pilz und so intensiv schmeckt wie ein Schaumpilz? Wäre der Genuss eines solchen Super-Pilzes, Künstlichkeit hin oder her, nicht schlichtweg unübertrefflich? Warum schimpfen wir immer so auf das Virtuelle, das Künstliche, die Simulation? Ist die Simulation im Hinblick auf den Genuss nicht letzten Endes mindestens ebenso gut wie die Wirklichkeit, ja im Grunde sogar *besser*? Was empfinden wir intensiver: den Anblick eines küssenden Paares auf der Straße oder den Anblick eines küssenden Paares im Kino? Und, um noch eine Lanze für den simulierten Genuss zu brechen: Der simulierte Genuss ermöglicht nicht nur *höchsten* Genuss, sondern höchsten Genuss ganz ohne *Gefahr*! Wäre es für Odysseus nicht das Lustvollste gewesen, wenn er den Sirenen, anstatt auf dem Meer, im Kinosessel mit Dolby-Surround-System gelauscht hätte, ohne störendes Rauschen und so dicht dran am Geschehen, als wäre er doch an Land gegangen? Höchster Genuss, ja, sogar Ekstase ohne Risiko, das ist es, was simulierter Genuss im Gegensatz zu echtem leistet – und natürlich werden die entsprechenden Produkte längst angeboten. »Auf dem heutigen Markt«, so der Philosoph Slavoj Žižek, »finden wir eine ganze Reihe von Produkten, die ihrer schädlichen Eigenschaften beraubt sind: Kaffee ohne Koffein, Sahne ohne Fett, Bier ohne Alkohol und so weiter. Und was ist mit virtuellem Sex als Sex ohne Sex? ... Die virtuelle Realität verallgemeinert einfach dieses Verfahren, ein Produkt anzubieten, das seiner Substanz beraubt ist: Sie stellt die Realität selbst ohne ihre Substanz zur Verfügung, ohne ihren harten Kern des Realen – so wie entkoffeinierter Kaffee wie echter Kaffee duftet und schmeckt, ohne das echte Ding zu sein, wird die virtuelle Realität als Realität erfahren, ohne wie sie zu sein. Alles ist erlaubt, man kann alles genießen – unter der Bedingung, daß es seiner Substanz beraubt ist, die es gefährlich macht.«

Der Genuss ohne Sünde hat keine Kalorien, er ist ungezuckert, beinhaltet kein Fett, keinen Alkohol, kein Koffein und verursacht außerdem keinen Tripper und keine Verlassensängste. Gut, man kann von Zuckerersatzstoffen und auch virtuellem Sex abhängig werden – aber ist das nicht immer noch besser als Verfettung, Liebeskummer oder gar eine Geschlechtskrankheit? Der Genießer, der nicht sündigt, macht sich nicht schuldig, er ist immer auf der richtigen Seite, auf der Seite seines Körpers, auf der Seite der Gesellschaft und, vor allem, auf der Seite der Vernunft. Doch handelt es sich überhaupt noch um Genuss, wenn er gesund, gesellschaftskonform und vernünftig ist? Horkheimer und Adorno schreiben: »Denken entstand im Zuge der Befreiung aus der furchtbaren Natur, die am Schluß ganz unterjocht wird. Der Genuss ist gleichsam ihre Rache. In ihm entledigen die Menschen sich des Denkens, entrinnen der Zivilisation. In den ältesten Gesellschaften war solche Rückkehr als gemeinsame in den Festen vorgesehen. Die primitiven Orgien sind der kollektive Ursprung des Genusses ... Man gibt sich den verklärten Mächten des Ursprungs hin ... Erst mit zunehmender Zivilisation und Aufklärung macht das erstarkte Selbst und die gesicherte Herrschaft das Fest zur bloßen Farce. Die Herrschenden führen den Genuß als rationalen ein, als Zoll an die nicht ganz gebändigte Natur, sie suchen ihn für sich selbst zu entgiften zugleich und zu erhalten in der höheren Kultur; den Beherrschten gegenüber zu dosieren, wo er nicht ganz entzogen werden kann. Der Genuß wird zum Gegenstand der Manipulation, solange bis er endlich ganz in den primitiven Veranstaltungen untergeht. Die Entwicklung verläuft vom primitiven Fest bis zu den Ferien.«

Der Inbegriff jenes erstarkten Selbst, das den rauschhaften Genuss entzaubert und als rationalen einführt, ist für Horkheimer und Adorno Homers Odysseus. Der Genuss des Sirenengesangs bedroht den Seefahrer und seine Weiterfahrt so wenig wie eine Cola light den Cholesterinspiegel, zwei Wochen Sommerurlaub das Bruttosozialprodukt oder in Maßen genossener Biowein aus ökologisch kontrolliertem Anbau die Leber. Aber apropos Bio: Gerade am gegenwärtigen Ökowahn zeigt sich, wie leicht ein vermeintlich rationales Genießen in ein zutiefst irrationales umkippen kann. Tatsächlich erfüllt so mancher gesundheitsbewusste Bioeinkäufer in seiner Gewissenhaftigkeit, was die Auswahl der für ihn erlaubten Speisen angeht, die Kriterien einer vergleichsweise jungen Essstörung namens *Orthorexia Nervosa*, die erstmals Ende der neunziger Jahre beschrieben wurde, als Bioläden wie Pilze aus dem Boden schossen. »Kennzeichnend für diese Essstörung ist, dass sich die Betroffenen in krankhafter Weise ›gesund essen‹«,

so die Volkskundlerin Alexandra Deak. »Bei der Nahrungsaufnahme werden nicht nur Kalorien gezählt, sondern peni-
belst Inhaltsstoffe, Nährwerte, Vitamin- und Mineralgehalte
überprüft. Auf diese Berechnungen werden häufig mehrere
Stunden verwendet. Die Auswahl der ›erlaubten‹ Lebens-
mittel wird zunehmend geringer. Betroffen sind meist junge
Frauen, die eine wachsende und teilweise enorme Angst vor
ungesunden Lebensmitteln, z. B. Süßigkeiten, Fast Food oder
Fertigprodukten, haben. Besonders häufig sind Orthorektiker
in ökologischen Naturkostkreisen anzutreffen. Den Speiseplan
dominieren frisches Obst und Gemüse. Die Krankheit setzt
überwiegend schleichend ein, in späteren Phasen kommt es
oftmals zu Missionierungsversuchen gegenüber Familienmit-
gliedern, Freunden und Kollegen am Arbeitsplatz, was zu einer
sozialen Isolation der Betroffenen beitragen kann.«

Mittlerweile hat sich die Missionierung zumindest in den
mittleren und oberen Gesellschaftslagen weitgehend erübrigt.
»Dinkel macht glücklich«, lauten die Werbesprüche auf
Wochenmärkten in gehobenen Stadtvierteln. Mütter sitzen
mit ihren naturwollepullovrigen Kindern an Holztischen, es
gibt Dinkelbrötchen, Dinkelwaffeln, Dinkelkekse und natürlich auch Dinkelkuchen. Dinkel ist gesund, keine Frage. Aber
schmeckt er auch? Diese Frage stellt sich die gesundheitsbewusste Genießerin nicht und beißt stattdessen entschlossen
in die Dinkelerdbeerschnitte, ein Kuchen, der den Namen
Sandkuchen endlich einmal verdient hätte, denn er ist so tro-
cken wie die Sahara und lässt sich nur mit einer Tasse Yogi-
Tee herunterbekommen, die praktischerweise am selben Stand
verkauft wird.

Doch noch viel schlimmer ist, dass gesundheitsbewusste
Genießer bisweilen vereinsamen, ohne es zu merken. Schwei-
gend drehen sie im Park ihre Runden, stumm schwitzen sie in

der Sauna, und Feste verlassen sie natürlich immer sehr früh. Ja, es besteht sogar die Gefahr, dass ein rationaler Genuss-mensch aus der Endlosschleife asketischer Selbstkontrolle überhaupt nicht mehr herauskommt und sich auf nachgerade tödliche Weise um sich selbst dreht. Was Letzteres genau heißt, lässt sich am eindrücklichsten wiederum an Odysseus zeigen, den wir am Ende dieser Überlegungen zur Abwechslung einmal in die Gegenwart holen wollen. Würde Homers Held heute leben, er ginge vermutlich ins Wellness-Center, wo das rationale Genießen vorerst seinen Höhe- oder auch Tief-punkt erreicht hat. Der Wellness-Genuss ist per definitionem Erholungsgenuss, ein *Genesungs*-Genuss, der den Produktions-apparat nicht nur unbeschädigt lässt wie ein alkoholfreies Bier. Nein, der Genesungs-Genuss – im Übrigen zwei Begriffe, die begriffsgeschichtlich in einem Zusammenhang stehen – der Genesungs-Genuss also *stützt* den Produktionsapparat sogar, indem er Gesundheitsvorsorge betreibt und selbst Einläufe und Fastenkuren als Vergnügen deklariert.

Im Wellness-Center also setzt sich Odysseus gemeinsam mit anderen von der Arbeit Geplagten auf die harten Holz-bänke einer finnischen Sauna, lässt sich danach massieren und, abseits des Trubels, den durch schwer verdauliche Schiffskost arg strapazierten Darm durchspülen. Anschließend legt er sich in heißes Totes-Meer-Salzwasser, was ihn als Seefahrer zwar ein wenig langweilt, aber gut für die Haut sein soll. Dass er den Genuss auf diese Weise selbst zur Arbeit werden lässt, merkt Odysseus nicht – denn er ist, im heißen Salzwasser lie-gend, gerade mit etwas anderem beschäftigt. Er horcht. Horcht angestrengt in sich hinein. Horcht, ob sich seine Gedärme regen, ob sich irgendeine Auffälligkeit vernehmen lässt, die auf eine Krankheit hindeuten könnte. Eine Krankheit, die womöglich so gefährlich ist wie der Gesang todeslüsterner

Vogelfrauen, die nur auf den Kontrollverlust ihrer Zuhörer warten ... Und da, tatsächlich, ein seltsames Pfeifen, kommt es aus seinen Lungen? Hören Sie das nicht?, fragt Odysseus die Angestellte, die ihm gerade aus dem Wasser helfen will, dieses helle Pfeifen! Ganz nah tritt sie an ihn heran, doch anstatt ihren Kopf auf seine Brust zu legen, wickelt sie Odysseus fest in ein angewärmtes Handtuch. Verzweifelt blickt Odysseus in ihr Gesicht, sagt noch einmal: Hören Sie es denn nicht?, doch die Angestellte lächelt nur freundlich, und als sie sich, ihn noch fester ins Tuch schlingend, kurz zur Seite dreht, sieht er in ihrem Ohr einen kleinen Pfropfen aus Bienenwachs.

Alles Porno
Sex im Burnout-Zeitalter

MENSCHEN HABEN SEX. Dies ist ein Satz, der, so viel Evidenz er auch auf den ersten Blick zu beanspruchen scheint, immer fragwürdiger wird, je länger man auf ihn schaut. Ist es nicht eigentlich seltsam, dass Wesen, die auf zwei Beinen gehen, Kleidung tragen, über Sprache verfügen, mit Messer und Gabel essen, E-Mails schreiben, Blackberrys bedienen und am Sonntagnachmittag bei einer Tasse Tee das Feuilleton lesen, sich dann und wann ihre durchaus nicht geruchsarmen und auch nicht sonderlich ansehnlichen Geschlechtsteile zur Begattung hinrecken? »Ich schau mir das lieber bei einem Hund an«, so sagte der österreichische Schriftsteller Thomas Bernhard einmal. Wäre es nicht tatsächlich möglich, dass dem Menschen der Geschlechtsakt immer suspekter wird, je weiter er sich entwickelt? Zumal dieser Akt mit dem Erhalt der Gattung ja keineswegs mehr in notwendiger Beziehung steht. Die Pille hat den Sex von der Fortpflanzung abgekoppelt, die Reproduktionsmedizin später dann umgekehrt die Fortpflanzung vom Sex: Im 21. Jahrhundert müssen Menschen nicht mehr miteinander schlafen, um Nachkommen zu zeugen, und es wäre zumindest vorstellbar, dass die Technik den Koitus früher oder später vollständig ersetzt.

Könnte es also sein, dass der Mensch den Sex irgendwann überwunden haben wird? Dass er ihn hinter sich lässt wie vor Jahrmillionen Reißzähne und Fell? »Das Sexualleben des Kulturmenschen ist doch schwer beschädigt, es macht mitunter den Eindruck einer in Rückbildung befindlichen Funktion, wie unser Gebiß und unsere Kopfhaare als Organe zu sein scheinen«, ist in Sigmund Freuds *Das Unbehagen in der Kultur* zu lesen. »Man hat wahrscheinlich ein Recht anzunehmen, daß seine Bedeutung als Quelle von Glücksempfindungen, also in der Erfüllung unseres Lebenszweckes, empfindlich nachgelassen hat.«

Das ist zugegebenermaßen eine steile These. Ja, es ist noch nicht einmal eine These, sondern, daraus macht Freud keinen Hehl, eine Spekulation, die natürlich sofort Widerspruch hervorruft: Das Sexualleben des Menschen soll evolutionärer Abfall sein? Schön und gut, man kennt diese Gedanken beim Ausziehen (oder sogar beim Sex selbst), dass man jetzt eigentlich ganz wunderbar die zwanzig rot markierten E-Mails beantworten oder endlich mit dem neuen Roman anfangen könnte, der seit Wochen auf dem Nachtisch liegt. (Und ist der Genuss, den man bei der Lektüre eines guten Buches empfindet, nicht wesentlich *wertvoller* als der eines Geschlechtsaktes? Ganz zu schweigen von dem Wert eines gründlich aufgeräumten E-Mail-Postkastens!) Bekannt auch die Hektik des Alltags, in der es ganz einfach keine Zeit und keinen Sinn gibt für Sex; oder das berühmte Abschaltproblem nach einem harten Tag im Büro und dem damit zusammenhängenden Wunsch, den Abend lieber mit Unanstrengendem zu verbringen (»Fernsehen oder Sex?« – »Ach, lieber Fernsehen …«). Gut, gut, alles bekannt. Aber war die sexuelle Lustlosigkeit zu Freuds Lebzeiten nicht wesentlich größer? Ist Freud nicht tatsächlich das Kind einer Zeit, in der die kulturelle Sexualmoral so streng war, dass schon allein der Gedanke an Sex mit gnadenlosen Gewissensbissen bestraft wurde? Tatsächlich leben wir doch heute in einer ganz anderen Gesellschaft: Vierzig Jahre nach der sexuellen Revolution, die Freud nicht mehr miterlebt hat, gibt es keinen Kuppeleiparagraphen mehr und der Ausdruck ›vorehelicher Sex‹ zaubert Pubertierenden heute höchstens noch ein Grinsen ins Gesicht. Im Kino werden erigierte Geschlechtsteile mit einer Selbstverständlichkeit gezeigt wie in den Fünfzigern Knie. Pornodarstellerinnen treten in Talkshows auf, Edel-Sexshops befinden sich hell ausgeleuchtet in bester City-Lage, und weil seit der Erfindung des Internets Pornofilme auch für Jugendliche problemlos konsumierbar sind, ist seit geraumer Zeit gar von einer »sexuellen Verwahrlosung« der jungen Generation die Rede. Kurz und gut: Die sexuelle Liberalisierung, oder, weniger wohlwollend ausgedrückt, die gesellschaftliche Pornographisierung, ist doch wohl das schlagende Argument gegen Freuds Behauptung! Sind wir nicht heute, was den Sex angeht, so frei und, möchte man doch meinen, entsprechend auch so aktiv wie nie zuvor?

Allein: Dass Sexuelles heute nicht mehr schamhaft verborgen, sondern in einem immer stärkeren Maße ins grelle Licht der Öffentlichkeit gezerrt wird, heißt nicht, dass wir alle lustbetonter, erotisierter, gar hedonistischer geworden wären. Tatsächlich könnte es doch genauso gut umgekehrt sein: Gerade *weil* der Sex aus der Tabuzone herausgetreten und zur Ware verkommen ist, verlieren wir zunehmend das Interesse an ihm. »Das Bombardement von sexuellen Außenreizen – praktisch jede Reklame arbeitet damit – ist tatsächlich zu einer Belästigung geworden«, meint der Frankfurter Sexualforscher Volkmar Sigusch. Auf hauswandgroßen Plakaten preisen halbnackte Moderatorinnen, sich in Laken räkelnd, Hotelketten und deren Betten an, geiles Bier schmeckt angeblich besser als gepflegtes Pils, und die E-Mailbox muss man mit Spamfiltern vor Viagra- und Sexwerbung schützen. Im 21. Jahrhundert ist das Sexuelle nicht mehr das Abwesende, Verdeckte, Heilige, auf geheimnisvolle Weise dem Blick Entzogene, sondern es wird umgekehrt regelrecht *aufgedrängt* und damit zunehmend profan. »Je unablässiger und aufdringlicher das Sexuelle öffentlich inseriert und kommerzialisiert wurde, desto mehr verlor es an Sprengkraft, desto banaler wurde es«, stellt Sigusch in seinem Buch *Neosexualitäten* fest und schlussfolgert, dass die Sexualität für immer mehr Menschen entbehrlich werde: »Weil sie nicht mehr die große Überschreitung ist, kann sie auch unterbleiben.« Man kennt diese Dynamik aus Überangebot und Langeweile ja in der Tat bestens aus Beziehungen: Sobald der Körper des anderen mir allzu selbstverständlich wird und ich keinerlei Anstrengungen mehr unternehmen muss, um ihn zu ›bekommen‹ – ja, wenn er sich mir sogar *aufnötigt*, indem er ständig nackt vor mir herumspringt –, verliere ich unwiederbringlich die Lust. Und könnte es nicht durchaus sein, dass sich dieser Überdruss nun auch auf gesellschaftlicher Ebene einstellt, weil Sex schlichtweg nichts Besonderes, Verbotenes, Tabuisiertes mehr ist?

Wirft man einen Blick in die Medien, dann scheint die Vermutung, dass der Mensch die Lust am Sex langsam verliert, zumindest nicht ganz falsch zu sein. »Willkommen im Club!«, titelte beispielsweise vor ein paar Jahren das Magazin *Psychologie Heute* und spielte damit auf die sexuelle Inaktivität vieler Paare an. Das Boulevardmagazin *Bunte* bot seinen Lesern und Leserinnen zur selben Zeit einen Artikel über »Das große Glück ohne Sex«, das angeblich der Wiener Musicalstar Dagmar Koller und ihr Ehemann, der einstige Wiener Bürgermeister Helmut Zilk, miteinander teilen. Und in der *Welt am Sonntag* lautete eine Schlagzeile: »War die Ehe in den fünfziger Jahren aufregender als heute?« Der Artikel beschäftigte sich unter anderem mit einer Studie des Kinsey-Instituts für Sexualforschung in Bloomington, Indiana, derzufolge die sexuelle Revolution zu einer Abwertung der Erotik geführt habe: »Die Menschen haben nicht mehr so viel Sex wie früher«, so der Institutsdirektor John Bancroft. Tatsächlich hat sich der Trend hin zur Asexualität auffallend verstärkt; oder zumindest outen sich immer mehr Menschen, die kein Bedürfnis nach Sex verspüren. *Asexual Visibility and Education Network*, so heißt das Internetforum, das der Amerikaner David Jay 2001 gründete und das mittlerweile auch eine Plattform in Deutschland hat. Und wer glaubt, dass sich nur die angeblich ohnehin frigiden Frauen bei *AVEN* melden, irrt gewaltig: Seit den neunziger Jahren sind vielmehr Frauen es, die sich in den Beratungsstellen gehäuft über ihre sexunwilligen Männer beklagen.

Allerdings ist es bei genauerem Hinsehen durchaus fraglich, ob die offenbar zunehmende – oder doch zumindest in auffälliger Weise thematisierte – Lustlosigkeit lediglich auf den Wegfall von Verboten, das heißt auf die sexuelle Liberalisierung, zurückzuführen ist. Denn wie befreit ist der Sex heute wirklich? Natürlich, es stimmt, Sex im Bild zu *sehen*, ihn zu *konsumieren* und offen über ihn zu *sprechen*, stellt heute kein Problem mehr dar. Aber was ist mit *real vollzogenem* Sex? Können wir uns etwa, wann und wo wir wollen, der Lust hingeben, nur weil 1975 die Pornographie legalisiert wurde? »Dass Sex an jeder Straßenecke ausgestellt und wie ein x-beliebiges Waschmittel behandelt wird, davon braucht man sich nichts zu erhoffen«, hielt Jacques Lacan bereits in den siebziger Jahren fest. »Es ist eine Modeerscheinung, Teil der angeblichen Liberalisierung, die uns von oben gewährt wird und mit der uns die sogenannte permissive Gesellschaft beglückt.« Die Sexualität ist nicht befreit, sie wird nur zunehmend vermarktet: Was früher das Pin-up-Girl im Spind war, ist heute der 24-Karat-Dildo, den man sich zur Zierde auf den

Kaminsims stellen kann, und Sexshops, ehemals schmuddelig im Abseits gelegen, gleichen neuerdings Wellness-Centern, in denen Paare sich in entspannter Atmosphäre zum *Smart Sex* inspirieren lassen können. Dass Sex sich bekanntermaßen gut verkauft, kann aber nicht darüber hinwegtäuschen, dass auch unsere Gesellschaft ganz fundamental auf Triebverzicht beruht – und zwar in extremem Maße. Noch nie war der Leistungsdruck so groß wie heute, bis zum Burnout verausgabt sich der Mensch in der Arbeit, ständig ist er verfügbar, legt Abend- und Nachtschichten ein, weil sich das Gefühl, genug getan zu haben, nicht einstellen will – und dabei bleibt der Sex, um den sich doch heute augenscheinlich alles dreht, zwangsläufig auf der Strecke.

Tatsächlich setzt ja schon ein ganz normales Verhältnis zur Arbeit eine gewisse sexuelle Abstinenz voraus: »Der Sexualtrieb«, schreibt Sigmund Freud, »stellt der Kulturarbeit außerordentlich große Kraftmengen zur Verfügung, und dies zwar infolge der bei ihm besonders ausgeprägten Eigentümlichkeit, sein Ziel verschieben zu können, ohne wesentlich an Intensität abzunehmen. Man nennt diese Fähigkeit, das ursprüngliche sexuelle Ziel gegen ein anderes, nicht mehr sexuelles, aber psychisch mit ihm verwandtes, zu vertauschen, die Fähigkeit zur Sublimierung.« Anstatt die sexuelle Spannung unmittelbar abzubauen, muss der Mensch diese Spannung aufrechterhalten und sie in Kulturarbeit verwandeln – und tatsächlich ist nur so die Leidenschaft zu erklären, die viele Menschen für ihre Arbeit empfinden. Allerdings war Freud durchaus skeptisch, ob sich *alle* sexuelle Energie in Arbeit verschieben lässt und der Mensch für *vollkommene* sexuelle Enthaltsamkeit tatsächlich geschaffen ist: »Ins Unbegrenzte fortzusetzen ist dieser Verschiebungsprozess aber sicherlich nicht, so wenig wie die Umsetzung der Wärme in mechanische Arbeit bei unseren Maschinen. Ein gewisses Maß direkter sexueller Befriedigung scheint für die allermeisten Organisationen unerlässlich, und die Versagung dieses individuell variablen Maßes straft sich durch Erscheinungen, die wir infolge ihrer Funktionsschädlichkeit und ihres subjektiven Unlustcharakters zum Kranksein rechnen müssen.«

Ein Mensch, der nur noch arbeitet und sich nicht ein Mindestmaß an Entspannung erlaubt, sublimiert nicht mehr, sondern verhält sich neurotisch. Der Workaholic steckt sämtliche Kraft, die er zur Verfügung hat, in seine Arbeit, weil sie für ihn ein Suchtmittel ist wie der Alkohol für den Alkoholiker. Sein Tätigsein hat mit Sublimation nichts mehr zu tun, er verwandelt Lust nicht in Arbeit, was einen Moment der Freiheit voraussetzen würde, sondern sein Verhalten ist exzessiv, triebhaft und selbstzerstörerisch. In seiner Zwanghaftigkeit funktioniert der Workaholic wie eine Maschine, Erschöpfungszustände werden ignoriert, und selbst wenn der Kollaps droht, arbeitet die Maschine immer noch weiter. »Burnout«, schreibt der Psychologe Matthias Burisch, »ist eine langandauernd zu hohe Energieabgabe für zu geringe Wirkung bei ungenügendem Energienachschub – etwa so, wie wenn eine Autobatterie nicht mehr über die Lichtmaschine nachgeladen wird, dennoch aber Höchstleistungen abgeben soll.«

In dieser Hinsicht ähnelt der Workaholic in auffälliger Weise den Lustmaschinen der Pornographie: Auch der pornographische Körper ist ein Hochleistungsarbeiter, der sich keine Pause gönnt, in einer Endlosschleife trägt er zum Bruttosozialprodukt größtmöglicher Lust bei. Und so wie der Pornoarbeiter seine körperliche Endlichkeit dank filmischer Mittel bis zur Absurdität überschreitet, überschreitet auch der Arbeitssüchtige unentwegt seine natürlichen Grenzen, indem er sich durch leistungssteigernde Mittel wie Ritalin oder Modafinil aufputscht. So gesehen ist der Porno durchaus nicht die Umkehrung der heutigen Arbeitswelt, sondern vielmehr deren karikaturistische Engführung: Was er uns zeigt, sind Körper, die immer können und sich, so erschöpft sie auch sein mögen, trotzdem noch auf nachgerade absurde Weise Lust abringen. Dass unsere Gesellschaft ›pornographisiert‹ ist, stimmt insofern durchaus – allerdings nicht, weil wir ein ungezwungenes Verhältnis zum Sex hätten, sondern weil wir uns gerade umgekehrt zwanghaft in der Arbeit verausgaben.

Diese *Ich-kann-immer*-Logik ist es, durch die sich Pornographie von Erotik unterscheidet. Pornographie ist reine Aktivität. Sie erträgt keine Unterbrechungen, keine Schwäche, keine Stille, was allein zählt, ist Leistung und nicht der einzelne Körper in seiner jeweils höchst individuellen Lust und Unlust. Erotik hingegen lebt von der Begrenztheit der Körper, sie braucht Pausen, Verzögerungen, Passivität, Muße, ja, das Nicht-Können ist sogar der Boden, auf dem das erotische Spiel gedeiht. Nicht inmitten betriebsamer Hyperaktivität, sondern in einer Atmosphäre entspannter, vertrauensvoller Müdigkeit entsteht sexuelle Lust. Müde Körper werden weich, öffnen sich, die Müdigkeit, schreibt Peter Handke, ist ein »Zugänglichwerden«, ist »die Erfüllung des Berührtwerdens und des selber Berührenkönnens«. Und nicht nur für die Öffnung der Körper, auch für ein inspiratives Offensein in der Arbeit ist die »erotische Müdigkeit« (Handke) die Grundvoraussetzung. Ein Mensch, der nie zur Ruhe kommt, produziert das Immergleiche – ganz ähnlich wie die nimmermüden Körper im Porno, die immer wieder von vorne die immergleichen Akte vollführen.

»Hektik bringt nichts Neues hervor«, schreibt Byung-Chul Han. »Sie reproduziert und beschleunigt das bereits Vorhandene.« Schöpferisch tätig und offen für seinen Gegenstand kann nur sein, wer nicht ununterbrochen aktiv ist, sondern spazieren geht, schläft, träumt, phantasiert und sich der Langeweile hingibt. Doch genau das ist uns heute immer weniger gestattet – beziehungsweise wir gestatten es uns selbst nicht. An die Stelle einer innigen, auf Muße und Zeit beruhenden Auseinandersetzung mit einem anderen Körper respektive der Arbeit tritt eine asketische Verwertungslogik, in der es ein produktives Unproduktivsein schlichtweg nicht geben darf. Hier eine Konferenz, da ein Businesslunch, dort eine unaufschiebbare Deadline, abends diverse Sporttermine, alles absolviert in nervöser Dauererregung. Die moderne Askese, so der Kulturwissenschaftler Thomas Macho, ist »eine Komposition aus Arbeitssucht und Aktivismus, Streß und Zeitdruck, Einsamkeit und Depression, eine traurige Mixtur aus Sexismus, Kinderfeindlichkeit und zölibatärer Impotenz.«

Die Hochleistungsgesellschaft unterhält ein affirmatives Verhältnis zur Pornographie, nicht zur Erotik. Ja es liegt sogar der Verdacht nahe, dass sich unsere zwanghaft exhibitionistische Pornokultur vor erotischer Sexualität nachgerade *fürchtet*. »Je mehr die Gesellschaft als ganze ihre kulturellen Bezüge zur Sexualität verliert, desto drastischer sind die Bilder davon, die auf ihren Bühnen erscheinen«, schreibt Robert Pfaller. »Und zwar mit einer doppelten Funktion: sowohl, um der verbliebenen Sehnsucht Nahrung zu geben, als auch, um von der Sache abzuschrecken und über ihren Verlust hinwegzutrösten.« Sex, so Pfaller, gibt es in unserer Gesellschaft nur noch als Extrem. »Wenn es keine Normalvorbilder des Genusses mehr gibt, dann treten nur noch deren Zerrbilder in Erscheinung. Das Zerrbild des Genusses ist der Süchtige; das Zerrbild der Sexualität ist der Popstar oder der Talkshowgast.« In Doku-Soaps wie *Big Brother* oder *Dschungelcamp* geben Menschen ihre intimsten Geheimnisse preis, entblößen sich, kopulieren gar vor der

Kamera. In Hip-Hop-Videos kreisen Frauen bis zum Schwindeligwerden mit ihren Hüften, halten ihre Brüste, Hintern, Schenkel in die Kamera, und vor allem im Porno selbst wird uns der Sex bis zur Absurdität verdinglicht präsentiert. Grell leuchten die Scheinwerfer den Koitus aus, Beine werden angewinkelt, damit man die Penetration besser sehen kann – und je drastischer der Geschlechtsakt dargestellt wird, umso mehr sehen wir gebannt zu; ganz ähnlich, wie auch ein exotisches Tier umso faszinierender ist, je näher man ihm kommt und je gefährlicher es sich gebärdet. Vorausgesetzt allerdings, dass es sich hinter Gittern beziehungsweise bruchsicherem Glas befindet. Ohne diese unüberwindbare Grenze würde man schreiend davonlaufen, würde sich fürchten und womöglich auch ekeln. Sobald man sich aber sicher fühlt, verwandelt sich der Ekel in Attraktion, ja, man kann sogar am Gitter rütteln oder gegen das Glas klopfen, um das Tier ein wenig zu reizen, damit es sich aufbäumt und sich in seiner ganzen Widerwärtigkeit zeigt. Genau das geschieht in interaktiver Webcam-Pornographie: Konsumenten sagen Frauen per Telefon, was sie tun sollen vor der Kamera, während sie selbst bequem vor dem PC sitzen und die Bilder, die über den Monitor laufen, auf sich wirken lassen: Komm schon, Kleines, zeig mir deine Muschi! Lass dich gehen! Je wilder, desto geiler! *Zumindest, solange sich die Mattscheibe zwischen mir und dir befindet ...*

Indem unsere Gesellschaft den Sex hinter die Scheibe bannt, schürt sie einerseits die Sehnsucht nach ihm und pathologisiert ihn gleichzeitig. Sie grenzt sich im wahrsten Sinne des Wortes von ihm ab und degradiert »das Tier mit den zwei Rücken«, wie Jago in William Shakespeares *Othello* den Geschlechtsakt nennt, zu einem erregenden Ausstellungsobjekt, das zwar bestaunt, aber auf keinen Fall angefasst werden darf: Seht her! Ist das nicht animalisch? »Denn der natürliche Gebrauch, den ein Geschlecht von den Geschlechtsorganen des anderen macht«, so schrieb immerhin schon Immanuel Kant in seiner *Metaphysik der Sitten*, »ist ein Genuß, zu dem sich ein Teil dem anderen hingibt. In diesem Akt macht sich ein Mensch selbst zur Sache, welches dem Rechte der Menschheit an seiner eigenen Person widerstreitet.« Sex, meinte Kant, widerspricht dem Menschsein schlechthin, weil die Koitierenden sich im Dienste ihrer Lust wechselseitig instrumentalisieren. Und in der Tat: Je mehr sich die Lust beim Koitus steigert, desto stärker konzentriert sich der Mensch auf die pochende Mitte seines Körpers beziehungsweise auf das Genital des Anderen, das dieses Pochen erzeugt. Das achtbare Wesen des geliebten Gegenübers tritt dabei genauso zurück wie das Wesen eines Rindes, dessen saftiges Fleisch man gerade verzehrt (insofern man sich das Fleischessen nach Karen Duves Vegetarismus-Aufruf *Anständig essen* überhaupt noch erlaubt). Und wo, fragt Kant, bleibt da bitte schön der Respekt? Dann doch lieber völlige Entsagung! Asketische Hingabe an die reine Vernunft!

Auch zweihundert Jahre nach Kant scheinen wir die tiefe Ambivalenz der Sexualität, ihr Schillern zwischen Gewalt und Lust, zwischen Verdinglichung und Vereinigung, zwischen schmutzigem Fick und heiligem Eros, offenbar kaum auszuhalten. Dass viele Paare, ob verheiratet oder nicht, keinen Sex haben, hat tatsächlich nicht nur etwas mit Überdruss zu tun, sondern auch mit einem diffus empfundenen Schuldgefühl: Kann ich den Anderen denn lieben, wenn ich mich an ihm und mit ihm verlustiere, wenn ich ihn zu obszönen Handlungen animiere und ihm dreckige Phantasien ins Ohr flüstere? »Ich vermisse nichts, auch nicht jene Form von Sexualität, wie sie zum Beispiel Monica Lewinsky mit Bill Clinton praktiziert hat«, sagt die Wiener Bürgermeister-Ehegattin Dagmar Koller über ihre sexlose Ehe. »Also nein, das machen wir nicht…

[H]eute bin ich froh, dass ich eine so zärtliche Liebe leben darf…« Im Zuge der gegenwärtigen Pornographisierungs-debatte wird diese Abspaltung von Liebe und Sex einmal mehr vollzogen: Mit dem Finger zeigt man auf die böse Sexualität, gepriesen hingegen werden Zärtlichkeit, Zuneigung, Respekt – ganz so, als ob beides nicht durchaus zusammenginge. »40 Tage ohne Sex«, so hieß eine Sendung des niederländischen Fernsehens im Jahr 2008. Jugendliche mussten versprechen, vierzig Tage lang zu ›fasten‹, also keinen Geschlechtsverkehr und kein Petting zu haben, nicht zu masturbieren und auch keine Pornos zu konsumieren. Auf diese Weise, so lautete die Rechtfertigung vonseiten des Senders, wolle man der gesell-schaftlichen Übersexualisierung entgegenwirken. In Wahrheit aber wurde weniger die Pornographie als vielmehr Sex als solcher an den Pranger gestellt.

Auch im Kino ist der Abgesang auf die Sexualität längst angestimmt worden. Zwar sieht man heute auf der Leinwand in der Tat Geschlechtsteile, aber sogenannte post-pornogra-phische Filme wie Patrice Chéreaus *Intimacy*, Larry Clarks und Edward Lachmans *Ken Park*, Catherine Breillats *Romance* oder Michael Winterbottoms *Nine Songs* feiern den Sex nicht, sondern dekonstruieren sein ehemaliges Glücksversprechen gründlich, indem sie ihn in seiner ganzen Pockennarbigkeit, seiner kläglichen Alltäglichkeit präsentieren. »Im post-porno-graphischen Blick ist die Sexualität zerfallen«, meint der Film-theoretiker Georg Seeßlen. »Die Naheinstellung fetischisiert nicht mehr, sondern dokumentiert die Fremdheit. Der post-pornographische Blick ist vor allem ein gespaltener, einer, der sich vor lauter Verzweiflung darüber, dass sich das Objekt der Begierde umso mehr entzieht, je genauer man hinsieht, in seine analytische Strafe verkehrt. Der Blick wird zum Zwang. Ist es also das, was ihr sehen wollt? Dann seht nur noch genauer hin. Und erkennt euch selbst.« Der Post-Porno funktioniert wie ein altes, rissiges Foto, auf dem nur noch schemenhaft der Star von einst zu erkennen ist, und lediglich erahnbar ist die Begeisterung, die er auslöste. In den sechziger Jahren noch versuchte man Revolutionen auf den Sex zu gründen, glaubte, sich durch ihn befreien zu können, und zwar nicht nur von bürgerlichen Idealen, sondern auch von entfremdeter Arbeit: »Die unverklärte, unrationalisierte Freigabe der sexuellen Beziehungen wäre die stärkste Freigabe des Genusses als solchem und die totale Entwertung der Arbeit um der Arbeit willen«, schrieb der Philosoph Herbert Marcuse damals. »Die Spannung zwischen dem Selbstwert der Arbeit und der Freiheit des Genusses könnte innerhalb eines Menschenwesens nicht ertragen werden: die Trostlosigkeit und Ungerechtigkeit der Arbeitsverhältnisse würden eklatant das Bewusstsein der Individuen durchdringen und ihre friedliche Einordnung in das gesellschaftliche System der bürgerlichen Welt unmöglich machen.« Heute hingegen ist der Sex nicht mehr, so scheint es, als eine überkommene Illusion: All die Verwicklungen und Verstrickungen, all die Verletzungen, enttäuschten Hoffnungen und unerfüllten Wünsche, die mit ihm verbunden sind! Wird die Welt wirklich besser, menschlicher, liberaler, wenn jeder mit jedem schläft? Ja, ist der Sex nicht, sobald er zum Heilsversprechen stilisiert wird, im Grunde selbst Arbeit? Eine Art Revoluzzerpflicht? Und überhaupt, so fragen Postmodernisten, Dekonstruktivisten und Postfeministen durchaus zu Recht, was soll ›freier‹ Sex eigentlich sein? Ist heterosexueller Sex frei? Oder homosexueller? Oder sadomasochistischer? Oder Gruppensex? Ist die Perversion etwa frei, nur weil sie sich dem Sittlichen widersetzt? Die Perversion ist genauso unfrei und unnatürlich wie die Sitte selbst, denn das Perverse, das ›Umgekehrte‹, kann es nur vor dem Hintergrund des Sittlichen geben. Eine freie Sexualität, die sich der Arbeit, der Gesellschaft, der Warenakkumulation radikal widersetzen würde, existiert nicht, denn jede noch so abwegige Perversion ist immer schon geprägt, ja sogar überhaupt erst produziert worden von kulturellen Diskursen und Praktiken, die mit der Erfindung der Humanwissenschaften auf den Plan traten. So schreibt der französische Historiker Michel Foucault, eine der Galionsfiguren der Postmoderne: »Das 19. und unser [20., S. F.] Jahrhundert sind eher ein Zeitalter der Vermehrung gewesen: einer Verstreuung der Sexualitäten, einer Verstärkung ihrer verschiedenartigen Formen, einer vielfältigen Einpflanzung von ›Perversionen‹.« Wer also die Sitte umkehrt und sich zwanghaft im ›perversen‹ Sex verausgabt, stützt sie eher, als dass er sie untergräbt.

Die sexuelle Revolution wollte mit der strengen Sexualmoral der Nachkriegszeit endgültig brechen: »Wer zweimal mit der gleichen pennt, gehört schon zum Establishment«, so lautete der bekannte Spontispruch. Weg mit der Ehe, weg mit der patriarchalen Unterdrückung der Lust, weg mit den bürgerlichen Verhältnissen, weg mit dem Kapitalismus! Die Kinder der damaligen Revolutionäre aber scheinen sich heute wieder an genau eben jenen Werten zu orientieren, die ihre Eltern so hart bekämpften: »Im Querschnitt aller seriösen Studien zur Entwicklung der Erotik und Sexualität der letzten Jahre ergibt sich folgendes Bild«, so heißt es in der Trendstudie *Sexstyles 2010*, die von der Beate Uhse AG in Auftrag gegeben wurde: »Die Sexhäufigkeit hat im letzten Jahrzehnt vor allem in den jungen Altersgruppen eher leicht abgenommen, während das Treuebedürfnis eher wächst. Die Koitus-Frequenz der Studenten ist seit 1981 gesunken, sexuelle Treue steht heute höher im Kurs als in den Jahrzehnten zuvor.« Dass die Jugend von heute – insbesondere die arme, bildungsferne – sexuell verwahrlose, wie in den Medien immer wieder behauptet wird, ist folglich barer Unsinn. Solche Skandalmeldungen dienen dem kulturbeflissenen Mittelschichtler lediglich dazu, sich am angeblich primitiven Pornoproletariat »abzuputzen«, wie Robert Pfaller es formuliert. Tatsächlich zeigen Sexualforscher in ihren Studien immer wieder, dass genau das Gegenteil der Fall ist: Zweimal mit derselben zu pennen ist heute quer durch alle Schichten wieder ›in‹ – womöglich nicht zuletzt aufgrund der familiären Zerrüttungen, die der ›freie‹ Sex in den 1970ern nach sich zog, oder wegen der Angst vor Aids. Vielleicht aber auch, weil heutige Ausbildungsgänge keine Zeit lassen für sexuelle Experimente und das Dazugehören zum Establishment immerhin besser ist, als von Hartz IV zu leben.

Vor einigen Jahrzehnten war es noch recht leicht, sexuell aus- und vom beruflichen Lebensweg abzuschweifen. Schön, so ein halbes Jahr auf Gomera mit Gitarrenmusik, Wasserpfeifen und fernöstlich inspirierter Liebeskunst am Strand, wenn man sicher sein kann, auch in ein paar Monaten noch einen Arbeitsplatz zu bekommen. In unserer heutigen Gesellschaft aber, in der bereits Jugendliche an ihrer Karriere basteln und die immer mehr auf Effizienz setzt, wirkt jede Form von Müßiggang zunehmend anachronistisch, ganz zu schweigen von zeitaufwendiger Erotik. Wie bitte? Vorspiel? Lust um der Lust willen? Da gehe ich doch lieber zum Sport! Der auf Leistung getrimmte Mensch verschleudert seine überschüssigen Energien nicht, sondern investiert sie in Muskeln und gesteigerte Produktivkraft. »Vergeude keine Energie, verwerte sie!«, so forderte der Chemiker und Philosoph Wilhelm Ostwald bereits am Beginn des Industriezeitalters in seinem Energetischen Imperativ, ein Befehl, der heutzutage offenbar mehr gilt denn je. Jedes Jahr gewinnen deutsche Fitnessstudios weit über 600 000 neue Mitglieder hinzu, und in amerikanischen Sportclubs hat sich für die vielen Dauerabonnenten die Bezeichnung *permanent residents* eingebürgert, weil sie den Trainingsraum praktisch kaum mehr verlassen. »Der Fitnesstrainer ersetzt den Geliebten, Sport ist wichtiger als Sex«, so hieß es in einer Zeitungsmeldung über Madonna, nachdem bekannt geworden war, dass sie jeden Tag vier Stunden in ihrem Fitnessraum verbringe und damit ihre Ehe ruiniert habe. War bis in die achtziger Jahre hinein noch Sex der Garant für Erfüllung, ist es in Zeiten des immer größer werdenden Konkurrenz- und Leistungsdrucks der Sport. Wenn wir genießen wollen, geben wir uns nicht mehr einem anderen Körper, sondern dem Sportgerät hin, geradezu zwanghaft verausgaben wir uns beim Hantelnstemmen, Laufbandjoggen oder Fahrradfahren.

Dass die Koitus-Frequenz sinkt, hat außerdem – wiederum eine Folge der heutigen Arbeitsverhältnisse – mit der Zunahme an Wochenendbeziehungen zu tun. Wie denn miteinander schlafen, wenn der eine in Berlin, die andere in Brüssel wohnt? Experten schätzen, dass jede siebte Beziehung in Deutschland eine Fernbeziehung ist, unter Akademikern ist es jede vierte. Der Trendbericht *Sexstyles 2010* zieht daraus das Fazit: »Die Zukunft gehört mehr denn je dem medialen Sex.« Vibratoren, die sich an den iPod anschließen lassen und sich im Rhythmus der Musik bewegen, gibt es schon jetzt; die nächste Dildo-Generation aber ist, dank hoch technisierter »Teledildonik«, interaktiv! »Die Vibratoren 2.0 durchbrechen die Grenze zwischen Virtualität und realem Sex«, schreiben die Beate-Uhse-Zukunftsforscher. »Digitale Sexspielzeuge lassen sich nicht nur ans Multimedia-Equipment anschließen – ›Plug-and-Play‹ bekommt da eine ganz neue Bedeutung –, sondern via Internet auch in Echtzeit fernsteuern. Im digitalen Zeitalter wird es so immer besser möglich, sich trotz räumlicher Trennung gegenseitig zu spüren.« Chatten und Skypen war gestern, morgen wird digital gevögelt – wobei allerdings unklar ist, was uns dann mehr erregt: der Sex oder die technischen Möglichkeiten, ihn zu übermitteln? Tatsächlich ist es ja schon jetzt so, dass jener Reiz, der ehemals vom Sexuellen ausging, in einem immer stärkeren Maße von den Medien selbst ausgeübt wird. Ob iPhone oder iPad, immer faszinierter sind wir von den technischen Innovationen, unaufhörlich fummeln wir an ihnen herum, fahren mit dem Finger über Displays, lustvoll, ausdauernd. »Bin ich schon drin?«, fragte Boris Becker Ende der neunziger Jahre unüberhörbar doppeldeutig in einem Werbespot für einen Internetanbieter, und fügte hinzu: »Das ist ja einfach.« Das Internet lässt sich erobern wie eine willige Frau, wollte Boris Becker uns sagen: Nur ein paar unbeholfene Berührungen auf der Benutzeroberfläche, und schon öffnet sich der virtuelle Bildraum für jedermann. Es bedarf keines technischen Vorwissens, keines aufwändigen Einarbeitens, keines lustverzögernden Vorspiels mehr, um in diesen Raum einzudringen.

Dank VDSL ist man heute sogar in Millisekundenschnelle ›drin‹ – und ist da die Verlockung nicht groß, lieber virtuellen Sex zu genießen, als sich den zeitaufwendigen Mühen rituellen Balzens und Beschnupperns und Betastens auszusetzen? Früher, vor der Erfindung des Internets, musste man immerhin noch gewisse Anstrengungen unternehmen, um in die Welt der Cumshots und Blowjobs zu gelangen. Wer Pornos wollte, dem blieb nichts anderes übrig, als den Mantelkragen hochzuschlagen und in einen Sexshop oder einen Pornoverleih zu schlüpfen, immer in der Gefahr, gesehen zu werden. Heute hingegen bedarf es nur noch einiger Klicks, und schon kann man wählen zwischen ›anal‹ und ›amateur‹, ›big titts‹, ›big cocks‹ und ›lesbian‹. Wie anstrengend und zeitaufwendig dagegen ist es, sich mit den Begierden und Wünschen eines

Menschen aus Fleisch und Blut auseinanderzusetzen – ja, überhaupt erst einmal einen Partner zu finden!»Fakt ist doch, dass die Leute in einer pornographisierten Gesellschaft weniger Sex haben«, meint Ariadne von Schirach in ihrem Buch *Tanz um die Lust.*»Warum noch rausgehen, wenn die Erfüllung jedweder Phantasie nur einen Klick weit entfernt ist?« Im Internet ist sexueller Genuss ohne jeden Triebaufschub möglich: Nur einmal auf *Enter* klicken, und schon sind sie da, die unzähligen Amateurvideos und Werbetrailer mit Titeln wie»Monstercock deep in her ass« oder»Lucky guy fucks four Hotties« oder»Raw but willing to please!«. Klick. Klick. Klick.

Eine solche Art des sexuellen Genießens ist leicht, kinderleicht sogar – befriedigend aber ist sie nicht. Wer zu einem Porno masturbiert, hat kein Gegenüber, das die Lust spiegeln könnte, sondern lediglich einen Film, der nichts abverlangt: weder eine intensive Auseinandersetzung noch Einfühlungsvermögen und schon gar keine Phantasie. Die sexuelle Erregung geschieht vielmehr wie von allein – ganz ähnlich wie der Appetit automatisch angeregt wird, wenn man geschmacksverstärkte Kartoffelchips konsumiert. Man *muss* sie essen, aber gesättigt fühlt man sich nicht, im Gegenteil: Und schon stopft man die nächste Handvoll in sich hinein. Und noch eine. Und noch eine. Und wenn man dann doch irgendwann aufhört, ist man nicht befriedigt, sondern frustriert.

Ganz ähnlich empfindet übrigens, um von hier aus noch einmal auf die Arbeit zu sprechen zu kommen, der ermattete Workaholic am Ende eines Tages. Was für den Pornokonsumenten ein erigierter Schwanz oder eine feuchte Möse ist, stellt für ihn der Arbeitsauftrag oder das Arbeitsangebot dar. Sofort nimmt er alles an, gibt der Versuchung zwanghaft nach, ohne dass sich das mit diesen Reizen verbundene Glücksversprechen je einlöste.

Nehmen wir zum Schluss einmal an, Freud hätte recht mit seiner Spekulation und in ferner, ferner Zukunft lebten wir tatsächlich in einer Gesellschaft oder gar in einer Welt, in der nur noch gearbeitet, verwertet, produziert und nicht mehr sexuell verschwendet wird. Muss diese Gesellschaft, muss diese Welt nicht früher oder später an ihrem eigenen Wachstum kollabieren? So wie die Workaholic-Lustmaschine an ihrem unausgesetzten Aktivismus? Und was hält die Menschen, wenn sie keinen Sex mehr haben, noch zusammen? Was verbindet sie mehr als erotische Anziehung? Was macht sie vertrauter miteinander als körperliche Hingabe? Und wo ließen sich all die Aggressionen, die das Leben in Gemeinschaft mit sich bringt, wo ließen sich Gier, Wollust, Neid und brennende Eifersucht sozialverträglicher und gleichzeitig leidenschaftlicher ausagieren als im sexuellen Akt?

Eine Welt ohne Sex wäre bevölkert von versprengten Individuen, die sich längst nicht mehr nur vor Exkrementen und Schmutz, sondern in immer stärkerem Maße auch vor Hautkontakten ekeln. Ein hochneurotischer, sozialphobischer Einzelgänger wäre der Mensch der Zukunft, unzugänglich, einsam, zwanghaft, nur noch für sich selbst genießend in eigentümlichen Zeremonien. Gewiss, noch ist diese Zukunft weit entfernt, und womöglich wird sie auch nie eintreten; vielleicht aber hat sie auch schon begonnen, und wir haben es nur noch nicht gemerkt?

Die Heiligkeit der Muße
Warum wir Rituale brauchen

Die längste Zeit der Menschheitsgeschichte waren Rituale gesellschaftlich fest verankert. Sie dienten dazu, den Menschen, der als Kulturwesen ständig zu Triebverzicht gezwungen ist, zu entlasten, indem sie ihm Nischen des Nichtstuns, der Entspannung, der Feierlichkeit, der Besinnung und der Ekstase gewährten. Ob Erntedankfest, Karneval oder Gottesdienst, ob Sonntagsspaziergang, Feierabendbier oder die genüsslich gerauchte Zigarette an der Bar: Das Ritual markierte einen Zwischenraum, in dem man die Betriebsamkeit des Alltags vergessen, ja, in dem man sogar Grenzen überschreiten durfte, die für das menschliche Zusammenleben normalerweise obligatorisch sind. Für viele Urvölker etwa war es kennzeichnend, dass sie auf die Verspeisung bestimmter Tiere verzichteten, die ihnen als heilig galten. Im Rahmen ritueller Totemmahlzeiten aber wurde das Verbot gemeinschaftlich-ekstatisch überschritten, die Menschen tanzten, tranken, aßen, das heilige Tier wurde einverleibt – und mit ihm das Fundament der Kultur, der Glaube an das Totem.

Auch die großen Religionen feiern bis heute Rituale der lustvollen Verbotsüberschreitung wie das ›Fastenbrechen‹. In islamischen Ländern etwa steht am Ende des Fastenmonats Ramadan, des neunten Monats des islamischen Mondkalenders, das mehrtägige ›Zuckerfest‹ an; und in christlichen Kulturen endet die Fastenzeit mit dem Osterfest und dem Verzehr des Osterlamms, das Jesus Christus und dessen Auferstehung symbolisiert.

Natürlich haben Rituale viele Funktionen, auf die wir weiter unten noch zu sprechen kommen werden; nicht zuletzt dienen sie dazu, dem Tag eine Struktur zu geben, das Dasein in eine Ordnung zu überführen. Doch Rituale sind auch dazu da, um gesellschaftlich legitimierte Ausnahmezustände zu ermöglichen, in denen der Mensch sich der Muße hingeben, sich besinnen, träumen, phantasieren, in Ruhe rauchen, trinken, essen und, nicht zuletzt, feiern darf. Die mit der Feier verbundene Ausgelassenheit dient dabei durchaus nicht nur der Triebabfuhr, sondern auch dem Gemeinschaftsgefühl: Das Volksfest etwa, das seinen Namen nicht umsonst trägt, holt den Einzelnen aus seiner Isolation und seiner Alltagsgeschäftigkeit heraus, bindet ihn in feierliche Traditionen ein und erzeugt so ein tiefes Gefühl der Zugehörigkeit. »Man kann nicht zur gleichen Zeit individueller Akteur, der sich selbst bestimmt, und Verkörperung der sozialen Struktur und überlieferten Konventionen der Gesellschaft sein«, schreibt der amerikanische Soziologe Albert Bergensen in seiner Abhandlung über *Die rituelle Ordnung.* »Man befindet sich entweder in der einen oder der anderen Realität, und das Ritual ist der Mechanismus, der die zerstreuten Gefühle der Individuen einigt und das Erlebnis der Gemeinschaft hervorbringt.«

Je aufgeklärter nun aber eine Kultur ist, desto weniger orientiert sie sich an althergebrachten Ritualen, vorgegebenen Lebensrhythmen und festen Ordnungen. Das ist natürlich keineswegs nur negativ zu sehen: Wer sehnt sich schon nach unbequemen Sonntagskleidern, obligatorischen Frühmessen, verbindlichen Abendessenszeiten, Häuptlingen und Totemtieren zurück? Im modernen 21. Jahrhundert wollen wir *selbst* entscheiden, wann wir essen und was wir essen, wie wir unseren Sonntag gestalten und wie unseren Alltag. Vielmehr noch: Können gemeinschaftsstiftende Rituale nicht sogar zutiefst besorgniserregend und entmündigend sein? Schließlich lebte nicht zuletzt der Nationalsozialismus von ekstatischen Gemeinschaftsgefühlen, die durch sorgsam durchgeplante Zeremonien erzeugt wurden. Je aufgeklärter eine Gesellschaft ist, desto weniger setzt sie auf Verzauberung als vielmehr auf *Vernunft*, auf die verantwortungsvolle Selbstbestimmung des je Einzelnen – und das ist zunächst einmal, als ein Ausdruck zunehmender Freiheit und Eigenverantwortlichkeit, durchaus positiv zu bewerten. Die Kehrseite dieser Entwicklung aber ist, dass es eben jene Zwischenräume, in denen der Mensch seine selbstkontrollierende Vereinzelung aufgeben, in denen er sich fallen lassen und *trotzdem* gehalten fühlen darf, immer seltener gibt. Momente der Feierlichkeit, der Ekstase, der Ruhe, die ehemals gesellschaftlich gewährleistet waren, verschwinden zusehends, im spätmodernen Zeitalter der Flexibilisierung können wir rund um die Uhr arbeiten, rund um die Uhr einkaufen, rund um die Uhr ins Internet. In immer stärkerem Maße ist der Mensch selbst dafür verantwortlich, wie er seine Zeit einteilt, wann er arbeitet, wann er konsumiert, wann er sich eine Pause gönnt, ob und wie er sich seine eigenen Rituale schafft. Klar definierte Feierabende und der ›heilige‹ Sonntag gehören der Vergangenheit an, wer sich Zeit nimmt und den lieben Gott, wie man sagt, einen guten Mann sein lässt, muss das vor seinem Gewissen rechtfertigen.

»Der ehemals ekstatische Kollektivkörper, der sich in der räumlichen Verdichtung seiner spezifischen Körperlichkeit versichert und sich als zusammenströmendes und losbrechendes Kollektivwesen erlebt, wird abgelöst von abstrakt-anonymen Strukturen, die als vom Individuum immer schon antizipierte Steuerungs- und Regulationsmedien wirksam werden«, schreibt die Soziologin Hannelore Bublitz. »Durch das Medium einer abstrakten ›Masse‹ gefiltert, werden die vereinzelten Individuen zu Voyeuren ihrer eigenen Existenz und unterliegen der reflexiv im Medium des Blicks auf ihr Innerstes gerichteten (Selbst-)Kontrolle, die sich als ständige Selbstprüfung ausweist.« Der zusammenströmende Kollektivkörper, von dem Bublitz spricht, gründet sich auf gesellschaftliche Verbote und Tabus, die gemeinschaftlich-ekstatisch zu überschreiten in bestimmten Momenten erlaubt war. Heute hingegen haben wir jene ›abstrakt-anonymen‹ Regeln, auf die sich unsere Kultur gründet, zutiefst *verinnerlicht* – an die Stelle des Kollektivkörpers ist das sich selbst kontrollierende Individuum getreten.

Welche Auswirkungen diese Verlagerung des Verbots von außen nach innen hat, lässt sich an einem Beispiel gut verdeutlichen. Wie wir gesehen haben, wird der Verzehr des verbotenen Totemtiers in ›primitiven‹ Gesellschaften gemeinschaftlich zelebriert, und gerade im Akt der Überschreitung des kulturstiftenden Verbots fühlen sich die Menschen aufs Engste miteinander vereint – ja, je ekstatischer die Transgression, desto stärker das Gemeinschaftsgefühl. In säkularisierten Kulturen gibt es keine für alle verbindlichen Speiseverbote mehr, wohl aber individuell errichtete Essensregeln, die sich an Diätrichtlinien orientieren: Ob Kartoffeldiät, Glyxdiät, Zitronensaftkur oder Reisdiät: Die Regeln, was gegessen werden darf und was nicht, sind streng, und häufig entwickeln die Hungernden, in aller Regel sind es Frauen, eine ganz ähnliche Angst vor den tabuisierten Lebensmitteln wie der ›Primitive‹ vor dem Totemtier: O Gott, Butter! Nein, bloß keine Schokolade! Sollte das Diät-Totemtier dann aber in einer schwachen Minute doch verzehrt werden, in aller Heimlichkeit versteht sich, nagen die Schuldgefühle: Das Tabu wurde gebrochen, das streng Ver-

botene einverleibt – und je exzessiver der Tabubruch, desto
größer das Schuldgefühl. »Diese Kultur hat ein Problem mit dem alltäglichen Heiligen«, schreibt Robert Pfaller. »Ihr sind offenbar jene räumlichen und zeitlichen Ausnahme-Zonen verloren gegangen, in
denen sie es öffentlich feiern und als glamourös würdigen
konnte. Solange es eine öffentliche Sphäre der Feierlichkeit
gab, die vom profanen Alltag getrennt war, konnte das Ambi-
valente dort aufgehoben werden und gesellschaftlich akzep-
tabel bleiben – unter der Bedingung eben, dass es als Aus-
nahmeerscheinung von den übrigen profanen Räumen und
Zeiten gesondert blieb. An dieser öffentlichen, heiligen Sphäre
muss nun eine Beschädigung aufgetreten sein: Offensichtlich
ist sie nicht mehr in der Lage, die ambivalenten Güter der
Gesellschaft zu absorbieren und als ambivalent zu erhalten;
dadurch blieben sie als Störungen im profanen Raum übrig,
und ihre affektive Qualität erscheint als ›entmischt‹, das heißt,
nur noch schmutzig.« Das ›Heilige‹, von dem Pfaller spricht, ist
das Heilige im primitiven, ursprünglichen Sinne, das niemals
nur rein, sondern immer auch unrein ist – ansonsten wäre
das Heilige kaum mit einem Berührungsverbot, mit einem
Tabu belegt. Wenn es nun eine Kultur versteht, *beide Seiten des
Heiligen* in Ritualen lebbar zu machen, findet sich der Mensch
auch in seinen ›schlechten‹, ›unreinen‹, ›verdorbenen‹, ›verbotenen‹ Seiten in ihr aufgehoben. Unsere Kultur aber, meint
Pfaller, ist eine Kultur der Entmischung: Akzeptiert wird nur
noch das Reine, Gute, Vernünftige. Rauchen zum Beispiel war
schon immer ungesund und schädlich, und trotzdem wurde
es bis vor Kurzem an öffentlichen Orten zelebriert. Ja, die
Feierlichkeit des Rauchens ist für Pfaller sogar nachgerade
ein Sinnbild des alltäglichen Heiligen, das zwangsläufig das
Moment der Unvernunft, des Zaubers, des Mythischen in

sich trägt: »Insbesondere an den kleinen Ritualen der Tabak-kultur, die oft den Charakter eines Abwehrzaubers (zum Bei-spiel gegen peinliches Warten) und einer Versicherung des eigenen Stolzes haben, ist dieser zeremonielle, feierliche Cha-rakter deutlich: Mit Feuer und Rauch wird schließlich auch in fast allen Religionen und Magien operiert, um heilige Zonen von profanen abzugrenzen, und die kultische Bezugnahme auf filmische Vorbildmythologien ist in jedem Akt des Rau-chens spürbar – jedenfalls solange noch Filme gezeigt werden dürfen, in denen Lauren Bacall in lasziver Weise Humphrey Bogart um Feuer ersucht.« Das Rauchen ist eine Möglichkeit, dem Warten eine Form, ja Stil zu geben. Heute leben wir in der Zeit des Rauchverbots. Kneipen und Clubs gleichen, was ihren Charme angeht, in einem immer stärkeren Maße einer Schulaula, und in Bayern darf mittlerweile noch nicht einmal mehr auf dem Oktoberfest geraucht werden. Das ist natürlich gesund, keine Frage. Der Preis aber ist, dass dem Menschen immer weniger erlaubt wird, seine ›schmutzige‹, unvernünf-tige Seite genussvoll an öffentlichen, atmosphärischen Orten zu leben. Wer heute rauchen will, muss das draußen oder zu Hause tun, so als würde er eine lästige, für andere unzumut-bare Notdurft erledigen. Das Rauchen ist eine Peinlichkeit und Ungehörigkeit, die man besser vor den anderen verbirgt. Die Entlastungsfunktion, die Rituale ehemals innehatten, indem sie Unanständiges öffentlich lebbar machten, kehrt sich auf diese Weise um in eine *Schuld*, die der Einzelne selbst zu tragen hat: Soll doch jeder sehen, wo er mit seinem Schmutz bleibt!

Die notwendige Folge der gesellschaftlichen Entritualisie-rung und Individualisierung ist, dass der Mensch, so er über-haupt noch an Ritualen festhält, diese für sich ganz allein lebt – und zwar nicht zuletzt auch deshalb, weil ihm in einer individualisierten Hochleistungsgesellschaft schlichtweg die

74

Zeit, die Gelegenheit und durchaus auch die Kraft fehlen, andere an seiner Feier teilhaben zu lassen. Wenn die Personalmanagerin nach einer durchgearbeiteten Woche gestresst nach Hause kommt, dann steht ihr der Sinn weniger nach einer ritualisierten Kollektiverfahrung oder gar gemeinschaftlicher Ekstase als vielmehr nach Ruhe und Erholung, weshalb das Wochenende mit einer Heilkräuter-Entspannungs-Badewannenprozedur eingeläutet wird, in der Kerzen genauso wenig fehlen dürfen wie die Peelingmaske für Gesicht und Dekolleté. Heute hat jeder und jede einen anderen Feierabend, manchmal auch gar keinen, am Wochenende stehen Tagungen und Konferenzen an, und wenn einmal ein Abend ohne Termin im Kalender steht, verbringt man ihn lieber allein, um endlich einmal ›abzuschalten‹ und zu entspannen.

Die Kehrseite einer ritualisierten Selbstfürsorge aber ist die gesellschaftliche Atomisierung: »Wenn man sich selbst die Ehrerbietung erweisen könnte, die man wünscht, dann könnte die Gesellschaft dahin tendieren sich in Inseln aufzulösen, bewohnt von einzelnen kultischen Menschen, jeder in ständiger Anbetung seines eigenen Schreins.« So schrieb der Soziologe Erving Goffman in den sechziger Jahren, nicht ahnend, dass die moderne Gesellschaft des 21. Jahrtausends einem Archipel gleichen würde. Dienten Rituale früher der Vergemeinschaftung, dienen sie heute eher der *Isolierung* des Einzelnen vom nervtötenden Rest: Wenn ich schon die ganze Woche über kommuniziere und funktioniere, dann will ich wenigstens am Wochenende meine Ruhe haben!

Rituale geben Orientierung, und sie geben Halt. Insbesondere in Phasen des Übergangs sorgen sie dafür, dass der Mensch sich nicht verliert und den Wechsel heil übersteht. »Veränderungen sind Störungen und Gefahren, die zu mildern oder zu verhindern es Übergangsrituale braucht«, meint der Religionswissenschaftler Axel Michaels. Ob Hochzeit, Prüfung oder Sommersonnenwende, ob Arbeitsbeginn oder Arbeitsende, Tages- oder Jahreswechsel: Durch Rituale werden Phasenumbrüche markiert und auf beruhigende Weise reglementiert. »Das Feierabendbier zwischen fünf und sechs«, so der Schriftsteller Peter Bichsel, »war eingebettet in ein Ritual«, man traf sich an einem bestimmten Ort, trank eine Stunde lang und wechselte gemeinsam über vom Arbeits- in den Freizeitmodus. Diesen Zweck erfüllt heute (neben Badewanne und Individualsportart) die Vorabendserie. Ab kurz nach fünf wird bei der Arbeit nervös auf die Uhr geschaut und, sofern sich das Gespräch mit der Kollegin nicht rechtzeitig abwürgen lässt, im Auto ordentlich aufs Gas getreten. Zu Hause das immergleiche Schmieren von Broten in der Küche (denn genossen werden kann die Serie aus irgendeinem Grund nur kauend), jetzt noch die Kissen (das große hinten, das kleine vorn) zurechtrücken, Handy stumm stellen, Vorhänge zu, Füße hoch. Ein hektischer, fast ängstlicher Rundumblick: Ist alles so, wie es sein soll? Habe ich an alles gedacht? Mechanischer Griff zur Fernbedienung. Für eine Zehntelsekunde der panische Gedanke: Oh Gott, wenn jetzt der Fernseher nicht funktioniert! Was wäre mein Feierabend ohne *Sex and the City*? Ein gähnendes Loch. Die totale Sinnlosigkeit. Fast zittrig drückt der Daumen den kleinen roten Knopf. Der Bildschirm fiept, aus schwarz wird bunt, da sind sie, die vertrauten Bilder, die vertraute Melodie. Sofort lässt die hochgesteigerte Erregung nach, die Glieder entspannen, als tauchten sie in warmes Badewannenwasser ein. Alles ist gut.

Ritualisierte Handlungen, so Christoph Wulf und Jörg Zirfas in ihrem Buch *Die Kultur des Rituals*, »rahmen spezifische Praktiken im alltäglichen Leben so, dass durch ihre Restriktivität… unbestimmtes in bestimmtes Verhalten transformiert wird. In diesem Zusammenhang bilden Rituale einen relativ sicheren, homogenisierten Ablauf. Die mit ihnen verbundenen Techniken und Praktiken dienen der Wiederholbarkeit der notwendigen Vollzüge, ihrer Steuerbarkeit und Kontrollierbarkeit ...« Alltagsrituale haben also durchaus auch eine ganz pragmatische Funktion: Wer Rituale hat, spart sich Zweifel, denn es muss nicht jedes Mal wieder neu überlegt werden, ob man morgens beim Bäcker Mohnbrötchen oder Croissants bestellt, ob nach Feierabend Sport getrieben wird und am Mittwoch die Lieblingsserie auf dem Programm steht. Und natürlich hilft die Automatisierung der Handlung dabei, sie einigermaßen zügig zu vollziehen: Wer jeden Morgen Müsli isst, bereitet es routinierter zu als jemand, der das nur ausnahmsweise tut; ganz abgesehen davon, dass der Ritualmüsliesser *peinlichst* darauf achtet, dass immer alle Zutaten vorhanden sind, während der Ab-und-zu-Müsliesser womöglich erst noch zum Supermarkt laufen muss. Doch Vorsicht: Das Ritual ist mehr als einfach nur Routine! Die Routine ist profan, das Ritual dagegen heilig. Ihm wohnt Feierlichkeit inne. Und genau diese Feierlichkeit ist es auch, die Ritualmenschen so beneidenswert macht: Indem sie Alltagshandlungen ritualisieren, machen sie aus ihnen etwas Außergewöhnliches. Sie verleihen ihnen einen Wert, man möchte fast sagen: einen metaphysischen Glanz, wie man ihn sonst nur aus religiösen Praktiken kennt. Das an sich Profane (Brot und Wein) wird in Sakrales verwandelt, indem man es einbettet in ein Zeremoniell, der Ritualmensch versteht es, sich jeden Tag sein ganz privates Abendmahl zu bereiten.

Allein, was manchen Menschen ohne große Mühen gelingt und sie bewunderungswürdig macht, wirkt bei anderen angestrengt, gar *gezwungen*. Wie ein Pastor den Gottesdienst zelebriert, so zelebriert manch ein Ritualmensch seine Mahlzeiten, seine Morgengymnastik, seinen Feierabend vor dem Fernseher: nämlich nach ganz bestimmten Gesetzen und mit einer Gewissenhaftigkeit, als müsste bei jedwedem Regelbruch mit fürchterlichsten Konsequenzen gerechnet werden. Eine solche Zwanghaftigkeit resultiert, psychoanalytisch gesprochen, aus einer als verboten empfundenen und also gründlich verdrängten Triebregung, die der Mensch durch die Gesetzmäßigkeit der Handlung niederzuhalten versucht: Nur wenn ich die Handlung *immer gleich* vollziehe, geschieht kein Unglück, sprich: macht sich die Triebregung nicht bemerkbar und mein Gewissen verschont mich! Die Handlung wirkt wie ein Abwehrzauber gegen den Trieb respektive gegen die Strafe des Über-Ichs, allerdings ohne dass dem Handelnden dieser Zusammenhang bewusst wäre; und der psychoanalytische Begriff für ein derartiges Verhalten lautet: Zwangsneurose.

Zieht man nun in Betracht, dass unsere Kultur, wie gerade ausgeführt, die ›schmutzigen‹ Triebanteile des Menschen nicht mehr aufzufangen weiß, wird offenbar, dass die zunehmende Neurotisierung der Kultur mit deren Entritualisierung in einem Zusammenhang steht: Weil der Mensch selbst mit seinem Schmutz fertig werden muss, zelebriert er ihn ganz für sich allein in traurigen Zeremonien, die nicht Lust, sondern nur Unlust mit sich bringen; in Zeremonien, die das Leben nicht feiern, sondern in denen es, zumindest subjektiv, ums nackte *Über*leben geht – fürchtet doch der Zwangsneurotiker tatsächlich um sein Leben, sobald die Handlung einmal nicht in gewohnter Weise ausgeführt werden kann. »Das neurotische Zeremoniell besteht in kleinen Verrichtungen, Zutaten, Einschränkungen, Anordnungen, die bei gewissen Handlungen des täglichen Lebens in immer gleicher oder gesetzmäßig abgeänderter Weise vollzogen werden.« So schrieb Sigmund Freud Anfang des 20. Jahrhunderts in seinem Aufsatz *Zwangs-*

handlungen und Religionsübungen. »Man kann die Ausübung eines Zeremoniells beschreiben, indem man es gleichsam durch eine Reihe ungeschriebener Gesetze beschreibt, also z.B. für das Bettzeremoniell: der Sessel muß in solcher, bestimmter Stellung vor dem Bette stehen, auf ihm die Kleider in gewisser Ordnung gefaltet liegen; die Bettdecke muß am Fußende eingesteckt sein, das Betttuch glattgestrichen; die Polster müssen so und so verteilt liegen, der Körper selbst in einer genau bestimmten Lage sein; dann erst darf man einschlafen. In leichten Fällen sieht das Zeremoniell so der Übertreibung einer gewohnten und berechtigten Ordnung gleich. Aber die besondere Gewissenhaftigkeit der Ausführung und die Angst bei der Unterlassung kennzeichnen das Zeremoniell als ›heilige Handlung‹. Störungen derselben werden meist schlecht vertragen; die Öffentlichkeit, die Gegenwart anderer Personen während der Vollziehung fast immer ausgeschlossen.«

Damit beschreibt Freud, was im 21. Jahrhundert immer normaler zu werden scheint: nämlich eine einsame Zelebration von Alltagshandlungen, die einer, wie Freud es nennt, »Privatreligion« gleichkommen. An die Stelle der kollektiven und öffentlichen Religionsausübung tritt zunehmend ein individueller, von der Außenwelt zumeist abgeschotteter ›Gottesdienst‹, dessen transzendenter Gehalt sich nur dem je Einzelnen erschließt. Das nimmt nicht selten auch extreme Formen an: Über eine Million Menschen begeben sich hierzulande mindestens ein Mal in ihrem Leben in ärztliche Behandlung, weil sie unter ihrem zwanghaften Verhalten leiden. Wie ferngesteuert müssen sie immer wieder dieselben Handlungen vollziehen, müssen sich ständig die Hände waschen, ihren Herd kontrollieren, können nur auf diesem und keinem anderen Stuhl sitzen etc. Das ist natürlich etwas anderes, als sich Morgen für Morgen das immergleiche Müsli und den

79

immergleichen Tee auf die immergleiche Weise zuzubereiten oder jeden Tag vor dem Abendessen exakt dieselbe Joggingstrecke abzulaufen. Aber wo hört das Ritual auf und fängt die Neurose an? »Zu Zwangshandlungen im weiteren Sinne können alle beliebigen Tätigkeiten werden, wenn sie durch kleine Zutaten verziert, durch Pausen und Wiederholungen rhythmiert werden«, schreibt Freud. »Eine scharfe Abgrenzung des ›Zeremoniells‹ von den ›Zwangshandlungen‹ wird man zu finden nicht erwarten.«

Wenn ich diese oder jene Handlung nicht nach ganz bestimmten Regeln ausführe, so lautet die unbewusste Gewissensangst des Neurotikers, dann wird fürchterliches Unglück geschehen! Vergleichsweise harmlose Handlungen dieser Art kennt jeder: Nur wenn ich nicht auf die Ritzen zwischen den Gehsteigplatten trete, bekomme ich morgen die Zusage, klappt die Prüfung, liebt sie mich etc. Andere zählen Zaunpfähle oder Straßenlaternen, um sich zu beruhigen, und wieder andere klopfen jedes Mal mit dem Fuß auf, wenn die Tram eine Station erreicht. Die Regeln, die diesen Handlungen zugrunde liegen, stehen natürlich in keiner objektiv logischen Beziehung zu dem zu erwartenden Unheil, genauso wenig, wie dreistündiges Händewaschen *wirklich* eine Schuld bereinigen könnte. Der Zusammenhang von Neurose und Unheilserwartung ist vielmehr ein verschobener, ganz ähnlich, wie auch Traumbilder nur verschoben auf die unbewussten Ängste und Wünsche des Träumers hinweisen. Das wiederum heißt aber, dass Zwangshandlungen fürs Unbewusste durchaus einen Sinn ergeben – und aus diesem Grund sind sie für den Neurotiker so unerlässlich wie für einen religiösen Menschen das Beten. »Dem Schuldbewusstsein der Zwangsneurotiker entspricht die Beteuerung der Frommen, sie wüssten, daß sie im Herzen arge Sünder seien; den Wert von Abwehr- und Schutzmaßregeln scheinen die frommen Übungen (Gebete, Anrufungen usw.) zu haben, mit denen sie jede Tätigkeit des Tages und zumal jede außergewöhnliche Unternehmung einleiten.«

Dieser Glaube, dass nur ein immergleiches Zeremoniell das Unheil abwenden kann, wird durch unsere Kultur in vielerlei Hinsicht unterstützt – praktizieren wir doch allenthalben gewisse Handlungen, die bei näherem Hinsehen zwanghaft anmuten und dennoch auf dem Beipackzettel stehen. Nur wenn Sie unsere Antifaltencreme morgens und abends verwenden (Tipp: Reinigen Sie sich vorher Ihr Gesicht mit unserer Reinigungsmilch), sehen Sie an Ihrem nächsten Geburtstag nicht aus wie Keith Richards! Identifizieren Sie sich mit unserer Marke! Fühlen Sie sich unvollkommen, unrein und schlecht, wenn Sie einmal aus irgendeiner Not heraus ein anderes Produkt verwenden müssen! Rechnen Sie mit plötzlichen Hautveränderungen, die nichts anderes sind als die gerechte Strafe!

Der moderne Mensch lebt ständig in der diffusen Angst, dass irgendetwas zum Vorschein kommt. Dieses ›irgendetwas‹ ist eine Triebregung, die zu unterdrücken und zu verdrängen unsere auf Selbstkontrolle gründende Kultur in einem immer stärkeren Maße gebietet und die, sobald sie sich bemerkbar macht, eine Unheilserwartung auslöst. Vergegenwärtigen wir uns diesen Zusammenhang im Folgenden an einem konkreten Beispiel, an dem Beispiel einer berufstätigen Frau, die am Abend vor einer wichtigen Projektpräsentation einen hässlichen Pickel, ein ›Riesending‹, in ihrem Gesicht entdeckt. Für was steht dieses ›Ding‹? Und warum kann die Frau nicht anders, als es zwanghaft anzustarren?

das wird ein riesending
Über weiblichen Ehrgeiz

O nein … Da wird doch wohl nicht … Vorsichtig fährt sich
die Frau mit der Fingerkuppe über die Wange. Doch. Tatsächlich. Eine Erhebung! Und bei dem kleinsten Druck ein
stechender Schmerz tief im Gewebe … Ausgerechnet jetzt,
einen Abend vor der Präsentation! Dabei hat sie sich so
gründlich vorbereitet, ist vorhin zum hundertsten Mal alle
Punkte durchgegangen, um auch noch den letzten Zweifler,
und derer gibt es viele in der Firma, von ihrer Projektidee
zu überzeugen. *Das wird ein Riesending,* sagt die Frau still zu
sich selbst. Rot, schmerzhaft, eitrig. Und alle werden es
sehen. Wie peinlich! Mit klopfendem Herzen eilt die Frau
ins Bad, nimmt den Vergrößerungsspiegel zur Hand. Ein ver-
heißungsvoller rötlicher Schimmer. Was tun? Eindämmen?
Kommen lassen? Eigentlich sollte sie jetzt ins Bett gehen, es
ist spät, aber der Vortrag, den sie am nächsten Morgen halten soll und auf den sie sich eigentlich schon richtig gefreut
hat (endlich darf sie's allen zeigen!), ist wie weggewischt.
Ihre ganze Aufmerksamkeit gilt dem schändlichen Fleck mitten auf ihrer Wange, der ihr wie eine Strafe erscheint. Eine
Strafe aber wofür?

Gewiss: Sie kann, um sich aus der depressiven Stimmung
zu retten, eine Tablette nehmen; und vielleicht hat sie sogar
diese oder jene Tinktur im Schränkchen, mit deren Hilfe der
›Fleck‹ übertüncht werden kann und schnell wieder verschwin-

det. Eine Antwort auf ihre Frage wird sie auf diese Weise aber nicht erhalten: *Warum fühle ich mich schuldig?*

Die Haut ist ein besonderes Sinnesorgan. Anders als durch Riechen, Schmecken, Sehen und Hören kann der Mensch durch die Berührung seiner Haut höchste sexuelle Lust empfinden, ja, die Haut ist *das* Genussorgan schlechthin. Gleichzeitig ist die Haut, wie man sagt, der *Spiegel der Seele*. Sie offenbart das Innerste des Menschen, sein tief verborgenes Geheimnis, sie ist, wenn man so will, die für alle sichtbare Leinwand der Psyche. ›Ich fühle mich nicht wohl in meiner Haut‹ oder ›In deiner Haut möchte ich nicht stecken!‹, so lauten allseits bekannte Redewendungen. Aber was genau meinen wir damit? Warum schämen wir uns für Hautunreinheiten und Hautunebenheiten? Und weshalb wird eigentlich vor allem auf die Makellosigkeit der weiblichen Haut so viel Wert gelegt? Geschmeidig, seidig und zart, straff, strahlend, frisch, glatt und rein soll die weibliche Haut sein, während die männliche durchaus die eine oder andere Falte und Unreinheit aufweisen darf.

Wer über die Haut redet, redet gleichzeitig über Scham. Dies schon allein deshalb, weil beide Wörter, ›Haut‹ und ›Scham‹, auf denselben indogermanischen Stamm zurückgehen, nämlich ›kam‹/›kem‹, und das bedeutet: ›verdecken‹, ›verschleiern‹, ›verbergen‹. Beginnen wir, um den Zusammenhang von Haut und Scham näher zu beleuchten, am besten ganz von vorne. Nämlich mit Adam und Eva, die, bevor sie vom Baum der Erkenntnis aßen, so nackt waren, wie Gott sie schuf. Nichts trugen sie am Leibe, weder ein Fell wie das Tier noch Kleidung, denn sie »schämten sie sich nicht voreinander«, wie es im Buch Genesis heißt. Doch dann kostet Eva auf Geheiß der Schlange von der Frucht des verbotenen Baums und verführt anschließend auch Adam zu dieser Tat – und kaum können die beiden ersten Menschen gut und böse voneinander unterscheiden, erkennen sie auch die eigene Nacktheit und die mit ihr verbundene Schuld. Sogleich flechten sich Adam und Eva Schurze, mit denen sie ihre Geschlechtsteile bedecken, und als sie die Schritte Jahwes hören, verbergen sie sich aus lauter Scham ob ihrer Nacktheit unter den Bäumen des Gartens.

Vergebens, wie wir wissen. Als Jahwe seine schuldigen Geschöpfe sieht –»Wer hat dir kundgetan, dass du nackt bist?« –, vertreibt er sie aus dem Paradies, und von da an hat die Nacktheit des Menschen für immer ihre Schad- und Schuldlosigkeit verloren. Als sterblicher Erdenbewohner, der er durch den Sündenfall wurde, verhüllt der Mensch seinen nackten Körper, der ihn in seiner Verletzlichkeit und in seiner Sexualität offenbart. Unbekleidet friert er beim kleinsten Luftzug, fühlt sich ungeschützt, zieht die Schultern hoch, mit den Händen schamhaft sein Geschlecht verbergend.

So wie Adam und Eva sich dem Auge Gottes verzweifelt zu entziehen versuchen, nachdem sie ihre Nacktheit erkannt haben, wollen auch wir am liebsten unsichtbar sein, wenn wir das Gefühl haben, uns auf unangemessene Weise entblößt zu haben. Wir möchten, wie man sagt, im Boden versinken, doch als hätte der Körper diesen Wunsch nicht nur falsch, sondern genau entgegengesetzt verstanden, sorgt er dafür, dass sich erst recht alle Blicke auf ihn richten: rot, feuerrot, signalrot verfärbt sich die Gesichtshaut des oder der Beschämten, was das Gefühl der Scham nur noch verstärkt. Bei manchen Menschen ist das Erröten sogar derart ausgeprägt, dass sie unter einer regelrechten Errötungs*angst*, der Schamkrankheit Erythrophobie, leiden. »Die Rotfärbung der Haut befällt in erster Linie das Gesicht, erstreckt sich aber auch oft auf den Hals und Teile des Rumpfes«, wie der Philosoph und Psychologe Josef Rattner erklärt. »Der Zustand wird noch dadurch verschlimmert, daß man denkt, alle Blicke der Umgebung seien auf das Symptom gerichtet. Der Patient wehrt sich dagegen, vor der Umwelt als ängstlicher, unsicherer, schamhafter und verklemmter Mensch zu erscheinen. Aber gerade die Bestrebungen, seine manifeste Unsicherheit zu verbergen, bewirken genau das Gegenteil; die Erythrophobie wird damit zum zentralen Gegenstand der Aufmerksamkeit, was schließlich dazu führt, daß der Erythrophobe manchen sozialen Belastungssituationen ausweicht.«

Wer sich schämt, hat etwas zu verbergen. Etwas, von dem er oder sie befürchtet, dass es *herauskommen* könnte. Heraus aus der Seele. Heraus aus der Haut. Der schützenden, verschleiernden Hülle.

Tatsächlich ist die Haut ja nicht nur *ent*hüllend, sondern sie *ver*hüllt auch: Die gesunde, unverwundete Haut verdeckt alles Ekelerregende, Hässliche, Furchteinflößende am Menschen, sie verbirgt seine Organe, Sehnen und Muskeln; und wenn sie keine ›Irritationen‹ aufweist, wenn sie nicht gerötet oder ›gereizt‹ ist, sondern glatt und entspannt wirkt, vermag sie sogar hässliche Gefühlsregungen zu verstecken. »Wie die Knochen, Fleischstücke, Eingeweide und Blutgefäße mit einer Haut verschlossen sind, die den Anblick des Menschen erträglich macht, so werden die Regungen und Leidenschaften der Seele durch die Eitelkeit umhüllt: sie ist die Haut der Seele«, schreibt Friedrich Nietzsche in *Menschliches, Allzumenschliches*. Die Haut verschleiert das Innere des Menschen, sie ist der äußere Schein, der über das Grauen hinwegtäuscht. »Ein Biederweib im Angesicht, ein Schandsack in der Haut / Ist manche; Geiles liegt bedeckt und Frommes wird geschaut«, heißt es in Friedrich von Logaus Gedicht *Zweifelhafte Keuschheit*. Ein ›Schandsack‹, so verrät das *Grammatisch-kritische Wörterbuch der Hochdeutschen Mundart*, ist eine »im höchsten Grade schändliche oder unzüchtige Weibesperson«. So schön und sittsam, so keusch und schamhaft die Frauen nach außen hin tun, so liederlich sind sie in Wahrheit!

Dass der Dichter sich, was das Maskenhafte der Haut angeht, auf das weibliche Geschlecht bezieht, ist nicht überraschend: In der Tat schreibt man die Eitelkeit und das mit ihr verbundene Täuschungspotenzial ja eher Frauen als Männern zu. Die Frauen sind es, die durch ihre ›Schönheit blenden‹ und – man denke an die Verführbarkeit und Verführungskraft der biblischen Eva – ›falsch sind wie eine Schlange‹. Sie sind es, die sich schmücken und ihre Makel unter Schminke verstecken. Aber wie kommt es eigentlich, dass Frauen sich mehr um ihr Äußeres sorgen als Männer? Wie ist die weibliche Eitelkeit zu erklären? In seiner Abhandlung über *Die Weiblichkeit* schreibt Sigmund Freud: »An der körperlichen Eitelkeit des Weibes ist noch die Wirkung des Penisneides mitbeteiligt, da sie ihre Reize als späte Entschädigung für die ursprüngliche Minderwertigkeit umso höher einschätzen muss. Der Scham, die als eine exquisit weibliche Eigenschaft gilt, aber weit mehr konventionell ist, als man denken sollte, schreiben wir die Absicht zu, den Defekt ihres Genitales zu verdecken.« Die Frau, meinte Freud, habe ein peinliches und gleichermaßen furchterregendes ›Nichts‹ zwischen den Beinen, eine Leerstelle, die sie durch Eitelkeit – und also auch durch eine schöne Haut – zu kompensieren und zu verhüllen versuche. Nun kann man Freud selbstverständlich vorwerfen, dass er eine vermeintlich natürliche Mangelhaftigkeit der Frau mit deren kultureller Abwertung verwechselt; dass also weniger ihr biologisches Geschlecht als vielmehr jener Sexismus, an dem Freud selbst mitwirkt, für die Schamhaftigkeit der Frau verantwortlich ist. Auffällig ist aber immerhin, dass der weibliche Hang zum Verbergen wenn nicht ihre Ursache, so doch zumindest eine *Entsprechung* im Genitalen findet. Während das männliche Geschlecht gut sichtbar, ja manchmal nachgerade stolz herausragt, liegt das weibliche zwischen Hautfalten, den sogenannten Schamlippen, verborgen. Ja, so gut versteckt hält sich die Vulva, dass es auf den ersten Blick in der Tat so aussieht, als existiere sie überhaupt nicht. Wenn man so will, dann ist das weibliche Genital also in einem ganz buchstäblichen Sinne das verdeckte ›Geile‹, der verborgene ›Schandsack in der Haut‹.

Der Mann hingegen macht aus seiner Sexualität keinen Hehl. Und als sei der Penis wahrlich nichts, um dessentwillen man sich schämen müsste, wird er auch in der Kunst seit jeher meist frank und frei gezeigt, während das weibliche Geschlecht

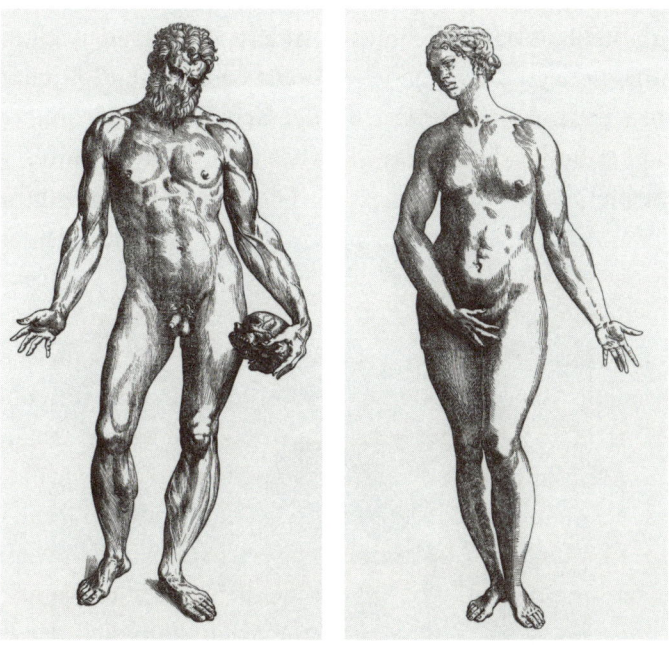

ADAM UND EVA AUS *De humani corporis fabrica librorum epitome* (1543) VON ANDREAS VESALIUS

fast immer verhüllt oder durch einen Schenkel verdeckt dargestellt wird. In seinem Anatomieatlas *De humani corporis fabrica librorum epitome* (1543) zum Beispiel malte Andreas Vesalius einen Adam mit offensiv zur Schau gestelltem Penis, während das weibliche Pendant Eva ihr Genital schamhaft mit der Hand bedeckt. Undenkbar, dass ein Mann auf diese Weise sein Geschlecht verbirgt; denn wenn er es täte, wirkte er nicht auf nachgerade lächerliche Weise weibisch?

Eine große Ausnahme, was die künstlerische Darstellung des weiblichen Geschlechts angeht, ist Gustave Courbets berühmtes Gemälde *L'origine du monde,* das den Schritt einer Frau, um es modern auszudrücken, im Close-up zeigt. Die Beine sind gespreizt, die Schamlippen leicht geöffnet, der schmale Spalt ein undurchdringliches Schwarz: Die Vulva wird hier dargestellt als das unheimliche Andere, das, gerade weil es im Dunkeln liegt, die männliche Potenz bedroht und gleichzeitig umso mehr herausfordert. In der heutigen Hardcore-Pornographie findet diese (von Courbet aufs Treffendste ins Bild gesetzte) Ambivalenz des weiblichen Genitals ihre Auflösung

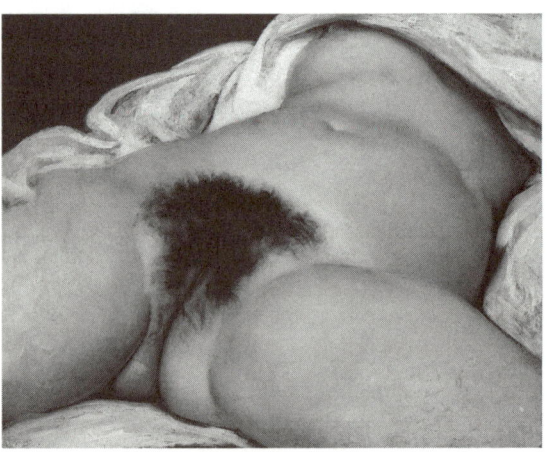

L'origine du monde (1866) VON GUSTAVE COURBET

in radikaler Misogynie: Die Frau, die schamlos ihr Geschlecht, ihr sexuelles Verlangen in die Kamera hält, ist die ›Schlampe‹, die ›Hure‹, die ›Fotze‹, deren ›geiles Loch‹ mal wieder ordentlich ›gestopft werden muss‹. Der schamlose Mann ist potent, die schamlose Frau hingegen ist ein verruchtes Nichts ohne eigenes Begehren; ihr Exhibitonisms dient ledigleich dazu, die Macht des Mannes zu spiegeln.

Dass das weibliche Genital in unserer Kultur offenbar eine andere Wertigkeit besitzt, weil es nicht so hervorsticht wie das Geschlecht des Mannes, wirft nun ein erhellendes Licht auf unser Fallbeispiel: Die Frau will am folgenden Tag ihre Projektidee präsentieren, und zwar offensiv und selbstbewusst. Mit anderen Worten: Sie will ihre Potenz exponieren, will ihr Begehren offenbaren, sie will sich, um es einmal so zu formulieren, breitbeinig vor das Publikum stellen und zeigen, was sie hat. Wie aber kann ihr das gelingen? Was bleibt ihr anderes übrig, als ihr eigenes Geschlecht zu verleugnen und unbewusst die Phantasie zu hegen, selbst ein Mann zu sein? Ausgestattet mit einer phallischen Potenz, auf die sie mit Fug und Recht stolz sein kann? *Das wird ein Riesending*, denkt die Frau, womit sie bei genauerer Betrachtung nicht nur die Erhebung unter der Haut, sondern auch die aus ihrer Sicht grandiose Projektidee meint, eine Idee, die so ›hervorragend‹ ist wie das männliche Geschlecht. Ihr großer Pickel ist also gewissermaßen das für alle sichtbare Zeichen ihrer männlichen Potenz – und doch zugleich ein Makel. Denn den Penis, den sie zu haben glaubt, besitzt sie in Wahrheit nicht, er gehört eigentlich nicht ihr, sie hat ihn, wenn man so will, entwendet – und deshalb plagen sie fürchterliche Schuldgefühle, die sich in dem ›Schandfleck‹ auf ihrer Backe versinnbildlichen: Was für eine Hochstapelei! Die grandiose Idee ist in Wahrheit ›nichts‹! Und früher oder später wird man den Schwindel entdecken!

Doch das ist nicht ihre einzige Angst. Denn was werden eigentlich ihre Kollegen dazu sagen, wenn sie als Frau sich phallische Potenz anmaßt? Werden sie diesen ›Penisklau‹, diese Kastration einfach so hinnehmen? In ihrem Aufsatz *Weiblichkeit als Maskerade* erzählt die Psychoanalytikerin Joan Riviere von einem ganz ähnlich gelagerten Fall. Eine Frau, deren Arbeit »hauptsächlich darin bestand, zu schreiben und Vorträge zu halten«, bezog ihren Ehrgeiz als Schriftstellerin maßgeblich aus dem Wunsch, ihren (ebenfalls schreibenden) Vater zu übertrumpfen. Nach ihren Auftritten war sie jedes Mal von größter Angst geplagt – denn sie befürchtete Rache vonseiten der Männer. Wie kommt sie als Frau dazu, besser sein zu wollen als die Männer, die sie unbewusst mit ihrem Vater identifizierte? Um ihre ›Schuld‹ zu begleichen, um ihr unlauteres Mannsein zu vertuschen, vollführte die Frau eine »Maskerade der Weiblichkeit«, sie gab sich den Männern gegenüber sexuell unterwürfig, bedürftig, buhlte um ihre Anerkennung. »Es war der unbewusste Versuch, sich gegen die Angst zur Wehr zu setzen, die sich einstellte, weil sie nach der intellektuellen Leistung ihres Vortrags Vergeltungsmaßnahmen vonseiten der Vaterfigur befürchtete. Die öffentliche Zurschaustellung ihrer geistigen Fähigkeiten, die sie an sich erfolgreich durchführte, bedeutete, daß sie sich selbst als im Besitz des Penis ihres Vaters zurschaustellte.«

Dass Frauen, die im Konkurrenzkampf ›miterigieren‹ möchten, häufig (und natürlich durchaus nicht immer) von diffusen Schuld- und Schamgefühlen geplagt werden, heißt aber nun keineswegs, dass Männern die Erektion immer gelänge. Nur weil sie real einen Penis haben, agieren und wirken sie nicht automatisch phallisch potent. Wenn etwa Kollege X von Kollege Y halb scherzhaft behauptet, dass dieser, da er sich angeblich nicht durchzusetzen weiß, ein ›Weichei‹ sei oder gar überhaupt ›keine Eier‹ habe, dann weisen solche Sprüche recht eindrücklich darauf hin, wie schnell ein Mann zur Frau degradiert werden kann. Zieht man zudem in Betracht, dass seit geraumer Zeit auch der Mann (allerdings noch längst nicht so extrem wie die Frau!) seine Hautmakel vertuscht, dann wird offensichtlich, auf welch tönernen Füßen die männliche Macht heute steht. Peelings, Faltencremes, Liftings, diese Angebote gibt es längst auch für Männer: Das starke Geschlecht hat seine Stärke verloren, denn das Patriarchat ist unwiderruflich zu Ende, sodass auch Männer zunehmend mit einem Mangelgefühl zu kämpfen haben. Zwar weiß sich die männliche Macht, wie ein Blick auf den Arbeitsmarkt zeigt, nach wie vor zu behaupten, aber sie »wird zunehmend ausgehöhlt und virtuell«, wie Ute Scheub in ihrem Buch *Heldendämmerung* schreibt. Und gerade in einer extremen Wettbewerbsgesellschaft wie der unseren, in der sich jeder und jede unablässig präsentieren und beweisen muss, kann sich eine Macht, die man zu besitzen glaubt, im Handumdrehen in ›Nichts‹ verwandeln. Scham und Stolz, Angst und Allmachtsphantasie liegen in Arbeitsverhältnissen, in denen die wenigsten sich ihrer Position sicher sein können, sehr nah beieinander. Und so vollführen beide Geschlechter heute einen erbitterten Kampf um Anerkennung und brennen vor Ehrgeiz. Im nächsten Kapitel wollen wir dieses Brennen, dieses Feuer und Flamme sein noch einmal genauer unter die Lupe nehmen: Was sind die Antriebsmechanismen dieses Ehrgeizes? Und warum führt das innere Feuer so häufig zum Ausbrennen?

Das entflammte Selbst
Was ehrgeizige Menschen antreibt

»Du warst immer schon sehr ehrgeizig!« Eltern meinen solche Sätze meist als Kompliment. Mit der Bezeichnung ›ehrgeizig‹ wollen sie ihren Stolz ausdrücken, wollen die Zielstrebigkeit, die Hartnäckigkeit, das Durchsetzungsvermögen des eigenen, nunmehr erwachsenen Sprösslings betonen. Der Sohn, die Tochter indes wird sich womöglich peinlich berührt fühlen: Ehrgeizig – das klingt so verbissen. So verkrampft. So erfolgsbesessen.

Tatsächlich zeigt sich am Begriff Ehrgeiz bereits deutlich, woher das Unbehagen rührt: Der ehr-geizige Mensch, so besagt das Wort, will geehrt werden, und zwar nicht nur einmal oder hin und wieder, sondern ständig. ›Geiz‹ leitet sich ab vom Althochdeutschen *gīte*, was Gier bedeutet, und es gehört zum Wesen der Gier, dass sie triebhaft, unstillbar und unmäßig ist. Der Ehrgeiz hat demnach, auch wenn er häufig positiv mit ›Eifer‹ und ›Ambition‹ gleichgesetzt wird (wie etwa im *Duden*), immer schon eine Tendenz zur Ehr*sucht*, zu einem zwanghaften Geehrtwerdenwollen, dem jede spielerische Lust an der Tätigkeit geopfert wird. Vor allem ältere Nachschlagewerke definieren den Ehrgeiz genau in diesem Sinne: »Ehrgeiz ist die übertriebene Begierde nach äußerer Ehre«, so heißt es im *Wörterbuch der Philosophischen Grundbegriffe* (1907). »Wie jede Begierde, wächst der Ehrgeiz, je mehr er befriedigt wird, und macht daher den Menschen unglücklich.« Und in der Tat: Wer nach äußerer Ehre giert, treibt Sport nicht aus Vergnügen, sondern allein für die Medaille, arbeitet nicht primär aus Interesse an der Sache, sondern einzig um der mit der Sache verbundenen Ehre willen. Sich ausschließlich aufs Ziel konzentrierend, versagt sich der zwanghaft Ehrgeizige jede Abschweifung und jeden Müßiggang, wichtig ist nur zu gewinnen, die mit Erfolg gekrönte Laufbahn. Körperliche und geistige Ermüdungserscheinungen nimmt der ehrgeizige Arbeiter/Sportler kaum wahr, wie im Rausch wird die Schmerzgrenze überschritten, denn der Sieg ist schon zum Greifen nahe, die Ziellinie bereits in Sichtweite – und wenn sie erreicht ist, lockt in der Ferne sogleich die nächste Herausforderung. Denn lässt sich nicht immer noch ein Preis gewinnen?

Wenn der Ehrgeizige nur die Ehre im Auge hat, ist zwangsläufig die Gefahr gegeben, dass er *alles* unternimmt, um sie zu erlangen – auch das moralisch Fragwürdige. »Ein unmäßiges Streben nach Ehre, das die Genossen überragen will und das unter Umständen sogar vor unlauteren Mitteln nicht zurückschreckt, ist der Ehrgeiz«, so schrieb Gotthilf Bader in seiner theologischen Abhandlung *Ehre und Ehrgeiz in der Erziehung* in den vierziger Jahren. »Der Ehrgeizige strebt mehr nach Ehrbezeigungen und Ehrenzeichen, nach äußerer Ehre als nach wirklicher Ehre, die in sich selbst ruht. [...] Im allgemeinen darf gesagt werden: Je mehr Ehrgeiz da ist, umso schwächer das Ehrgefühl.« So moralisierend diese Äußerungen anmuten mögen, zeigt sich gerade heute ihr Wahrheitsgehalt: Reichen die eigenen Kräfte und Kapazitäten nicht aus, wird im Sport gedopt, am Arbeitsplatz gemobbt und betrogen, um sich selbst ins rechte Licht zu rücken oder sich mit fremden Federn zu schmücken, wie etwa Karl-Theodor zu Guttenberg, der Gedanken, die andere unter Mühen formuliert haben, in seiner Dissertation als die eigenen ausgibt. Wichtig ist einzig und allein das Renommee des Titels, das Hervorragende eines *Summa cum laude*; ob die Leistung tatsächlich selbst erarbeitet wurde und die Auszeichnung also wirklich verdient ist, ist zweitrangig.

In seinem Buch *Warum wir siegen wollen* behauptet der Evolutionsbiologe Josef H. Reichholf, dass ein derartig enthemmter Ehrgeiz auf den ausgeprägten Wettkampfcharakter der heutigen Arbeitskultur zurückzuführen ist. Auch an der Universität, schreibt Reichholf, komme es längst nicht mehr primär auf Neugierde und Schaulust, sondern vor allem auf das »Siegenwollen« an, weshalb sich selbst Akademiker, denen man gemeinhin akribische Gewissenhaftigkeit nachsagt, krimineller Methoden bedienen: »Es geht um die Erstentdeckung, um die Erstveröffentlichung [...]. Gewertet wird wie im Sport: Sieger (und Nutzungsberechtigter) ist diejenige Person, die als Erste die Entdeckung gemacht hat, und nicht eine andere, die schöner, überzeugender oder menschenfreundlicher vorgegangen ist! Um dieser Priorität willen weichen manche Forscher vom Pfad der wissenschaftlichen Tugend ab und werden zu Betrügern – und das umso eher, je mehr (an Patenterträgen oder wissenschaftlichem Ruhm) auf dem Spiel steht.«

Nicht die Lust an der Arbeit, nicht Mitmenschlichkeit, nicht Überzeugungskraft, sondern das Gewinnen zählt, so Reichholf. Tatsächlich ist der unbedingte Siegeswille, der zwanghafte Ehrgeiz längst nicht mehr nur ein besorgniserregendes Symptom der heutigen Konkurrenzgesellschaft, sondern vielmehr ihr Prinzip. Wir leben in einer Zeit ungeheuren Erfolgsdrucks, in der einigermaßen sicher im Sattel – beziehungsweise, wenn der Siegeswille groß genug ist, im Chefsessel – nur sitzt, wer herausragt, Gewinne einfährt, auch am Wochenende zur Verfügung steht und jede Aufstiegsmöglichkeit beim Schopfe packt. Wer hingegen die Grundregeln des sozialen Miteinanders achtet, einem Kollegen womöglich gar den Vortritt bei einer Beförderung lässt, am Sonntag prinzipiell nicht arbeitet und, wenn der Auftrag nicht gelingen will, eine Deadline verschiebt und erst einmal spazieren geht, gilt schnell als unmotiviert, im schlimmsten Falle gar als unbrauchbar.

Schon am Anfang des vergangenen Jahrhunderts konstatierte der Soziologe Max Weber, dass »das seines religiös-ethischen Sinnes entkleidete Erwerbsstreben [heute] dazu [neigt], sich mit rein agonalen Leidenschaften zu assoziieren, die ihm nicht selten geradezu den Charakter des Sports aufprägen«. In der heutigen Konkurrenzgesellschaft, die gleichzeitig eine Mediengesellschaft ist, findet diese ausbeuterische Wettkampflogik ihre groteske Zuspitzung im Phänomen Castingshow. In der Sendung *Deutschland sucht den Superstar* etwa liefern sich Jugendliche einen erbitterten Kampf um den Sieg, wobei der Kitzel sowohl für die Teilnehmenden selbst als auch fürs Publikum gerade darin liegt, dass Ehre und Schande nur eine Haaresbreite auseinanderliegen. Es geht im Grunde überhaupt nicht um den Gesang, um die Darbietung an sich, sondern um den gehobenen / gesenkten Daumen Dieter Bohlens. Die Jugendlichen »werden wie im römischen Circus Maximus aufeinander losgelassen, um mit den Gewinnern am Ende zusätzliche Einnahmen durch den Verkauf von Tonträgern zu erzielen«, meint der Berliner Anwalt Christian Scherz, der sich in seiner Arbeit mit den Persönlichkeitsrechten Mediengeschädigter befasst: »Das ist die Wertschöpfungskette. Der Erfolg der Kandidaten dagegen ist schnell passé.«

Neben diesen gravierenden gesellschaftlichen Ursachen gibt es aber durchaus auch psychische, individuelle Gründe für übermäßigen Ehrgeiz. Ein in frühkindlicher Zeit verursachter Mangel an Urvertrauen in sich selbst und die Umwelt ist es, so meint der Philosoph Hansjosef Buchkremer, der den Menschen zutiefst abhängig vom Erfolg macht. »Erlebt das Kind die Konstanz der bergenden, beschützenden und liebenden Kräfte, so gewinnt das Urvertrauen Übergewicht«, schreibt er in seinem Buch *Über den Ehrgeiz*. »Das heißt, der Mensch wird seiner selbst, seiner Liebenswürdigkeit, seines Eigenwertes an der Zuwendung der Bezugspersonen gewiß.« Wenn das Kind sich in den prägendsten Jahren aber zu wenig auf die Liebe der Eltern verlassen kann, entwickelt es Minderwertigkeitsgefühle und braucht, um diese zu unterdrücken, als erwachsener Mensch ständig Bestätigung: »Der Ehrgeizige ist weder seiner selbst noch der Verlässlichkeit der existenziellen Zustimmung der anderen sicher«, schreibt Buchkremer. »Wie das in seinem Bestätigungsbedürfnis letztlich nicht ganz befriedigte Kind reagiert er mit verstärkter Anstrengung, das Mangelerlebnis durch vermehrten Zuwendungs-›zwang‹ zu beheben.« Nach dem Motto, so der Philosoph: »Mögen sie mich hassen, wenn sie mich nur bewundernd lieben.« Der Erfolg hat die Funktion einer Maske, die das schambesetzte Minderwertigkeitsgefühl verdecken soll, was zur Folge hat, dass der Siegeswille nie nachlassen und die Erfolgssträhne nicht abreißen darf. Tut sie es doch, droht die Krise: Der Ehrgeizige fühlt sich bloßgestellt, erniedrigt, nichtswürdig, weil der tief empfundene Mangel plötzlich sichtbar wird.

Auch Sigmund Freud sieht einen tiefen Zusammenhang zwischen gestörten frühkindlichen Objektbeziehungen und Ehrgeiz. So schreibt er in seiner Abhandlung *Charakter und Analerotik* den »unmäßigen ›brennenden‹ Ehrgeiz« vor allem den »einstigen Enuretiker[n]« zu. Enuretiker sind Bettnässer; Kinder, die auch nach dem vierten Lebensjahr ihre Blasenfunktion noch nicht unter Kontrolle haben. Psychoanalytisch betrachtet ist das Bettnässen ein masturbatorischer Akt: Indem das Kind sich den warmen Urin, der ein Äquivalent des Samens ist, die Beine herunterrinnen lässt, verschafft es sich selbst das wohlig warme Gefühl, das die Eltern ihm nicht zu geben vermögen. Das Bettnässen ist somit, so unlustvoll es letztlich erlebt wird, immer auch eine Form phallischer Selbstermächtigung (die natürlich gleichwohl auch von Mädchen praktiziert werden kann): ›Wenn ihr mir die Wärme nicht gebt, verschaffe ich sie mir selbst!‹

Im Erwachsenenalter nun tritt an die Stelle der Harnerotik der feurige Ehrgeiz: Nicht mehr durch Urin, sondern durch eigene Arbeit wird das wohlige Gefühl erzeugt – und wenn diese Verschiebung gelingt, ist dieses Gefühl tatsächlich auf Dauer lustbringend. Durch sein hartnäckiges, zielstrebiges, sorgfältiges Tätigsein verwandelt, *sublimiert* der einstige Enuretiker seinen Mangel in gesellschaftlich wertvolle Kulturarbeit, die ihm nicht nur ein illusorisches, sondern ein tiefes Selbstwertgefühl zu vermitteln vermag.

Vor diesem Hintergrund wird deutlich, dass es einen produktiven, ja heilsamen Ehrgeiz durchaus geben kann: nämlich in Form einer Verwandlung, die aus einer kindlichen Angst eine erwachsene Lust macht, eine Lust am Besserwerden, am Noch-genauer-Sein, eine Lust am Veredeln des einst Schambesetzten. Diese Veredelung glückt, wenn der Ehrgeizige das Scham- und Minderwertigkeitsgefühl nicht durch die Arbeit niederzuhalten, zu verstecken versucht, sondern wenn er dieses Gefühl mit in die Arbeit *hineinnimmt* und es dort, das meint der Begriff der Sublimation, ›erhöht‹. In dem Maße, in dem die Arbeit an Gestalt und Schönheit gewinnt, gewinnt sie der Arbeitende auch, denn sein Mangel ist es, den er in seinem Tun im wahrsten Sinne verarbeitet. Ein solcher sublimierter Ehrgeiz richtetet sich nicht auf einen abstrakten Erfolg, für dessen Erlangung die Arbeit lediglich ein sinnentleertes Mittel ist, sondern vielmehr auf die Arbeit selbst: Gerungen wird nicht mit Konkurrenten, sondern mit Worten, mit dem Stoff, dem Material, damit die Arbeit gelingt und auf den, der sie verrichtet hat, zurückstrahlt. Selbstverständlich braucht auch ein solches Tätigsein gesellschaftliche Anerkennung; doch dieses Brauchen hat nicht mehr den Charakter der Sucht, vielmehr handelt es sich um ein zutiefst menschliches Bedürfnis. Schon ein Kind malt ein Bild nicht einfach nur für sich, sondern, wenigstens im Geiste, für Andere, für Mutter und Vater; und je nachdem, wie diese das Bild würdigen, fühlt sich auch das Kind gewürdigt.

Ein ›brennender‹ Ehrgeiz, der sich primär auf die Gestaltung der Arbeit anstatt auf äußere Ehre richtet, ist natürlich ebenfalls anstrengend und mitunter auch zermürbend, wie wir noch sehen werden. Nichtsdestotrotz ist das Feuer, das die leidenschaftliche Beschäftigung entfacht, weitaus langlebiger, wärmender und nicht zuletzt auch kulturell wertvoller als das Strohfeuer des Wettkampfs. Zwar mag der Wettbewerb die Produktivität in dem einen oder anderen Falle anheizen; meistens jedoch wird sie durch Konkurrenzdruck eher erstickt, weil Gedanken und Ideen nun einmal Zeit und Ruhe brauchen, um sich zu entfalten. Weniger der Wettkampf mit einem Gegenüber, als vielmehr die wechselseitige Inspiration – der überspringende Funke – ist es, wodurch neue Gedanken entstehen. Im Konkurrenzkampf aber steht gerade nicht die gemeinsame Hervorbringung im Vordergrund, sondern der Sieg, und der findet seinen Zweck ausschließlich in sich selbst – ganz ähnlich, wie auch der masturbatorische Akt des Enuretikers reiner Selbstzweck ist. Und so, wie der Urin / der Samen, mit dem dieser sich tröstet, schnell erkaltet, lässt auch die Wirkung des Sieges nach: Um die vermeintliche Potenz aufrechtzuerhalten, braucht man immer noch einen Erfolg und noch einen und noch einen.

Dass die Kultur phallische Machtdemonstrationen letztlich überwinden muss, um zu gedeihen, illustriert zu guter

Letzt eine kleine Kulturhistorie, die Freud in seiner Schrift *Das Unbehagen der Kultur* erzählt. Der Urmensch, so Freud, habe eine »infantile Lust« befriedigt, indem er eine »züngelnde …, sich in die Höhe reckende … Flamme« durch einen Harnstrahl auslöschte. Dieses »Feuerlöschen durch Urinieren« deutet Freud als einen Konkurrenzkampf mit einem mächtigen, phallischen Gegenüber, denn die Flamme ist ja tatsächlich nicht nur gefährlich, sondern gemahnt auch der Form nach an einen Phallus. Der Kampf, schreibt Freud, »war also wie ein sexueller Akt mit einem Mann, ein Genuss der männlichen Potenz im homosexuellen Wettkampf«. Aber: Erst wer »auf diese Lust verzichtete, das Feuer verschonte, konnte es mit sich forttragen und in seinen Dienst zwingen. Dadurch, daß er das Feuer seiner eigenen sexuellen Erregung dämpfte, hatte er die Naturkraft des Feuers gezähmt«. Erst der Triebverzicht, der Verzicht auf die infantile Lust des Feuerlöschens, des Wasserlassens, des Wettkämpfens, sichert die große kulturelle Eroberung des Feuers – eine Einsicht, die man sich gerade heute groß über den Schreibtisch hängen möchte.

Zwanghafte Liebe
Über Arbeitssucht

»Weil du auf die Stimme des Weibes gehört und von dem Baume gegessen hast, obwohl ich dir geboten hatte: Du sollst nicht von ihm essen, verflucht sei der Erdboden um deinetwillen. Unter Mühsal sollst du dich von ihm ernähren, alle Tage deines Lebens.« So heißt es im Buch Genesis. Am Beginn der Zeit war die Arbeit eine Strafe. Der sündige Mensch, so verfügte Jahwe, habe sich zu plagen, im Schweiße seines Angesichts habe er sein Brot zu essen, so lange, bis er irgendwann, müde und erschöpft vom vielen Jäten, Pflügen und Ernten, ins heilsversprechende Jenseits abwandert. Mittlerweile hat die Arbeit einen immensen Bedeutungswandel erlebt. Seitdem wir unsere Berufe frei wählen können und körperlich ruinöse Arbeit weitgehend von Maschinen erledigt wird, wollen wir uns, wenn wir arbeiten, nicht mehr plagen, sondern selbst verwirklichen, und tatsächlich scheint es, als wäre die Arbeit für immer mehr Menschen ein wahrer Genuss – allerdings in einem Maß, dass so mancher selbst am Wochenende und im Urlaub nicht mehr auf sie verzichten will. Pausen machen? Faulenzen? Müßiggehen? Wozu denn? Ich liebe doch meine Arbeit! Und werde außerdem immer so nervös, wenn ich sie nicht um mich habe … Also lieber nach Feierabend noch ein bisschen weiterarbeiten. Unterlagen studieren. Mails beantworten. Und den Blackberry auch am Sonntag ganz nah am Herzen tragen. Ja, die libidinöse Bindung an die Arbeit ist heutzutage so groß, dass viele Menschen überhaupt nicht mehr von ihr lassen können und, im buchstäblichen Sinne, krank werden vor Liebe. Sie fühlen sich fahrig, gehetzt, zerfasert, schlafen nicht, essen nicht, meiden soziale Kontakte – wie Liebende, die von ihrer Liebe besessen sind …

»Ich war fünfzehn Jahre um die Welt gereist, hatte gearbeitet, geredet, geschrieben, akquiriert, repräsentiert, bis der Arzt kam. Im Wortsinne. Ich habe keine Grenzen gesetzt, mir selbst nicht und auch nicht meiner Umwelt, die zuweilen viel verlangt, mich ausgesaugt hat wie einen Blutegel seinen Wirt. Und das meiste von dem, was ich gemacht habe, hat mir tatsächlich Freude gemacht. Ich reise gerne, ich schreibe gerne, ich arbeite gerne mit Studentinnen und Studenten, ich schiebe mit Vergnügen und Leidenschaft neue Dinge an und entwickle Ideen. Aber ich habe in alldem nicht ›die artistotelische Mitte‹ finden können zwischen dem ›Zuviel‹ und dem ›Zuwenig‹.«

So schreibt die Kommunikationswissenschaftlerin Miriam Meckel in ihrem Buch *Brief an mein Leben. Erfahrungen mit einem Burnout.* Meckel ist eine von vielen, die nachgerade entflammt sind für ihre Arbeit, die sie mit höchstem Energieeinsatz ausüben – und dann nach und nach ausbrennen. Geisteswissenschaftler, Künstler, Freischaffende, Banker, Manager, Firmenchefs, Lehrer und Krankenschwestern, die ihre Arbeit mit viel Idealismus verrichten, werden mit Nervenzusammenbrüchen in Kliniken eingewiesen, werden geplagt von ergebnislosen Grübeleien oder einem nervtötenden Piepen im Ohr, weil sie, anstatt auf Warnsignale ihres Körpers zu hören, auf Hochtouren weiterarbeiten. Wie aber kommt es, dass wir unsere Liebe zur Arbeit heute bis zur Selbstzerstörung übertreiben? Ist ›gesundes‹ Arbeiten wirklich nur eine Frage des richtigen Maßes, wie Meckel nahelegt? Was genau heißt ›Liebe zur

Arbeit‹ überhaupt? Ist Verwirklichung *durch* Arbeit und Sucht *nach* Arbeit tatsächlich dasselbe beziehungsweise höchstens graduell voneinander unterschieden?

Ein Blick auf die Liebe im engeren Sinne, die zwischenmenschliche Liebe, macht den Unterschied zwischen einer freien, leidenschaftlichen und einer zwanghaft-obsessiven Hingabe deutlich. Frei und leidenschaftlich liebt, wer sich *zurückgeliebt* fühlt und die Hingabe, mit der er sich seinem Gegenüber widmet, von diesem gespiegelt bekommt. Die leidenschaftliche Liebe meint den Zustand des glücklichen Verliebtseins. Weit davon entfernt, den Anderen zu besitzen oder sich dessen Liebe allzu sicher zu sein, spürt der Verliebte doch deutlich, dass *er* gemeint ist (und nicht etwa austauschbar ist wie ein Rad am Wagen). Wenn er mit dem Anderen zusammen ist, blüht er auf, er kommt, wie man sagt, aus sich heraus, Seiten, die er bislang womöglich eher vor der Welt verborgen hielt, traut er sich plötzlich zu zeigen. Ja, manchmal fühlt er sich so ekstatisch vor Glück, dass er gemeinsam mit seiner Liebe ganze Nächte durchwacht. Dann kann er überhaupt nicht mehr von ihr ablassen, unentwegt muss er sie anfassen, anschauen, jedes noch so kleine Detail erkunden, will sich mit ihr vereinen, sich in ihr verlieren … um anschließend, verwandelt, verändert und umso verzückter, wieder bei sich selbst zu sein. Alle Anspannung fällt ab, der Verliebte versinkt im Traum, eng an seine Liebe geschmiegt und doch ganz bei sich, denn er weiß, dass sie, wenn er die Augen aufschlägt, noch da sein wird. Der glücklich Verliebte kann loslassen, weil er vertraut. Manchmal zieht er sich sogar für ein paar Tage zurück, und anstatt die ganze Zeit nur angstvoll darüber nachzudenken, ob seine Liebe ihn womöglich gerade betrügt, genießt er das trauliche Bei-sich-Sein, sich wiegend in wohliger Sehnsucht und dem Gedanken, dass er seine Liebe nach einer Zeit der Abstinenz umso lustvoller wieder in seine Arme schließen wird.

Ganz ähnlich gestaltet sich die Erfahrung, die ein Mensch macht, wenn er sich in seiner Arbeit verwirklicht: Er verlebt mit seiner Arbeit regelrechte *Mußestunden* und fühlt sich nachhaltig getragen, ja nachgerade beflügelt durch die Anerkennung, die er durch sie erfährt. Lange und ausgiebig setzt er sich mit seinem Gegenstand auseinander, widmet sich ihm mit Liebe und Hingabe. Dieser Gegenstand kann ein Gedanke sein, ein Text, ein Stück Holz, ein Bild, und auch ein anderer Mensch, wie etwa in Pflegeberufen oder in der Schule, kann ›Gegenstand‹ der Arbeit sein – wichtig allein ist, dass man mit dem Objekt, sei es nun ein Ding oder eine Person, eine *Beziehung* eingehen kann und dieses nicht nur als starres, unveränderbares oder unnahbar abstraktes Gegenüber sieht. Der sich arbeitend verwirklichende Mensch vollzieht mit seinem Gegenstand ein lustvolles Wechselspiel, durch das sich beide, sowohl der Gegenstand als auch der Arbeiter, verändern. Anders ausgedrückt: Um sich zu verwirklichen, muss es die Möglichkeit zur *Gestaltung* geben, der Mensch muss sich und seine Neigungen in seine Arbeit einbringen können und die Veränderung, die er bewirkt, nicht nur an seinem Gegenstand, sondern auch an sich selbst sehen und spüren.

Mit einer wie auch immer gearteten Genialität hat Verwirklichung durch Arbeit also zunächst einmal viel weniger zu tun, als man gemeinhin glaubt, sondern, viel fundamentaler, mit Arbeitsbedingungen. Die entscheidenden Voraussetzungen sind Zeit und Ruhe, die Möglichkeit zum wohligen Geborgensein in und mit der Arbeit. »[M]eine Einsamkeit schließt sich endlich«, schrieb Rainer Maria Rilke 1907 in einem Brief, »ich bin in der Arbeit wie ein Kern in der Frucht.« Nur wenn der Mensch sich voll und ganz auf seine Arbeit einlassen kann, nimmt sie ihn in sich auf und gibt ihm als Geschenk, als Gabe, das gelungene Werk zurück.

Ein Mensch, der liebt und zurückgeliebt wird, verausgabt sich aus *Lust*. Ein Mensch hingegen, der liebt, ohne dass ihm der Andere diese Liebe zurückspiegelt, verausgabt sich aus *Angst*. Ständig lebt er in dem Gefühl, sich um sein Gegenüber bemühen zu müssen, weil dieses ihn entweder keine oder eine in höchstem Maße zweifelhafte Gegenliebe spüren lässt. Er, der Andere, beantwortet Mails nur flüchtig, in den Vorschlag, sich zu treffen, sich Zeit füreinander zu nehmen, willigt er, wenn überhaupt, dann nur widerstrebend ein, und wenn doch, ist er bei der Begegnung gedanklich woanders, hat immer ein Auge auf seinen Blackberry. Je unsicherer sich der Liebende fühlt, desto mehr Energie investiert er. Er will dem Anderen alles recht machen, versucht ihm seine Wünsche von den Lippen abzulesen, zuvorkommend zu sein, hilfsbereit, stets ein offenes Ohr für seine Sorgen zu haben. Und natürlich ist er immer da, immer zur Stelle, ob leibhaftig oder mit einem stets angeschalteten iPhone. Jetzt? Sofort? Selbstverständlich. Gerne. Kein Problem. Eigene Ansprüche zu stellen oder auch nur auf seinen Körper zu hören, kommt ihm nicht in den Sinn, denn seine gesamte Aufmerksamkeit gilt dem Anderen, dessen Gesten, Reaktionen und Gefühlsregungen genauestens beobachtet werden. Nicht, weil der Andere wirklich so faszinierend wäre, sondern weil der verzweifelt Liebende sehnsüchtig auf einen Liebesbeweis von ihm wartet. Auf ein Zeichen, und sei es auch noch so klein. Aber es kommt nichts, zumindest nichts Eindeutiges, und so bemüht sich der Liebende weiter, immer in der Hoffnung, doch noch irgendwann mit seiner großen Liebe glücklich zu werden. Doch diese Liebe ist längst zu einem Abstraktum geworden, zu einem Wert an sich, ohne jeden Inhalt. Es geht nur noch um die Liebe als Liebe. Sie zu haben, bedeutet alles. Sie nicht zu haben, ist der Tod.

Der zwanghaft Liebende, der Workaholic, verwirklicht sich nicht in der Arbeit, sondern *opfert sich für sie auf.* Er dient ihr, um ihr zu gefallen und um sie nicht zu verlieren. Den ganzen Tag bringt er damit zu, Ansprüche zu erfüllen und Kontakt zu halten. Präsent zu sein. Nur wenn er online ist, hat er das Gefühl, mit seiner Arbeit in Verbindung zu stehen, gebraucht zu werden, und aus lauter Furcht, im entscheidenden Augenblick nicht da zu sein, steht er ununterbrochen und im ganz buchstäblichen Sinne unter Strom. Es *könnte* ja jemand etwas von ihm wollen. Und was, wenn er es dann nicht mitbekommt? Der Workaholic agiert in vorauseilendem Gehorsam, weil er sich austauschbar fühlt. Ersetzbar und nie genug geliebt. Unermüdlich kämpft er um Anerkennung, strengt sich an, weil er die Versicherung braucht, dass man ihn und nur ihn will und er besser ist als alle anderen. Bekommt er Lob, beruhigt er sich, ja, ihm schwillt womöglich sogar die Brust, er empfindet regelrechte Grandiositätsgefühle; bleibt das Lob aus oder erntet er gar Kritik, kippt der Narzissmus sofort wieder um in tödlichsten Selbstzweifel. Sein gesamtes Ich legt der Workaholic in die Hände jener, die seine Leistung beurteilen. Heben sie den Daumen, fühlt er sich leicht und beschwingt; senken sie ihn, ist er zutiefst bedrückt. Der im zwanghaften Sinne ehr-geizige, also nach Ehre gierende Mensch glaubt an die Macht, verehrt sie und blutet innerlich, wenn sie ihm nicht wohlgesinnt ist.

In dieser Hinsicht ähnelt der Arbeitssüchtige einem zutiefst religiösen Menschen: Wenn der göttliche ›große Andere‹ sich von ihm abwendet, fühlt er sich haltlos; und um ihn gütlich zu stimmen, geißelt er sich wie ein Asket. Ausgezehrt und mit dunklen Augenringen arbeitet er weiter, entsagt aller Nahrung, allem Schlaf, allem Genuss, als stünde seine Leistung im Dienste von etwas *Höherem*, das ihm diese Qual stillschweigend abverlangt und sie am Ende belohnen wird. »Wisset ihr nicht, daß die, so in den Schranken laufen, die laufen alle, aber einer erlangt das Kleinod? Laufet nun also, dass ihr es ergreifet!«, schreibt der Apostel Paulus im ersten Korintherbrief über den Sinn und Zweck der Askese. »Ein jeglicher aber, der da kämpft, enthält sich alles Dinges; jene also, daß sie eine vergängliche Krone empfangen, wir aber eine unvergängliche. Ich laufe aber also, nicht als aufs Ungewisse; ich fechte also, nicht als der die Luft streicht; sondern ich betäube meinen Leib und zähme ihn, daß ich nicht den andern predige und selbst verwerflich werde.« Der Asket kämpft ums Kleinod, um die Anerkennung Gottes, und um nicht verwerflich zu werden, verwirft er seinen Leib.

Sein Opfer indes bringt der Asket durchaus mit einer gewissen Befriedigung dar: Er *genießt* seine Selbstqual. Der aufopferungsvollen Entsagung wohne eine Zwiespältigkeit inne, so formuliert es Friedrich Nietzsche, »welche sich selbst in diesem Leiden genießt und in dem Maße sogar immer selbstgewisser und triumphierender wird, als ihre eigene Voraussetzung, die physiologische Lebensfähigkeit, abnimmt.« *Je mehr ich mich opfere, desto mehr werde ich geliebt*, so lautet die Gleichung des Asketen respektive des Workaholics. Durch seine Qual will er sich läutern, sich reinigen von einer diffus empfundenen Schuld. Worin diese Schuld besteht, weiß er nicht. Er weiß nur, dass er sie abarbeiten muss. Ganz ähnlich wie der Erbsünder Adam.

»Der Aufbau des gesellschaftlichen Schuldgefühls ist eine entscheidende Leistung der Erziehung«, schreibt der Philosoph Herbert Marcuse. »Das herrschende Wertgesetz spiegelt sich in der stets aufs Neue reproduzierten Überzeugung, daß jeder, ganz auf sich allein gestellt, sein Leben sich im allseitigen Konkurrenzkampf verdienen muss, wenn auch nur, um es sich immer wieder verdienen zu können, und dass jedem gegeben wird nach Maßgabe seiner verausgabten Arbeitskraft. Das Glück kann man sich dabei nicht verdienen. Ziel der Arbeit soll nicht das Glück sein und ihr Entgelt nicht der Genuss, sondern Profit und Arbeitslohn: die Möglichkeit weiterzuarbeiten.« Die Schuld, die den Menschen immer weiter und weiter und weiter arbeiten lässt, ist, so will Marcuse sagen, fundamental verknüpft mit dem Stellenwert und der Funktion von Arbeit in der spätmodernen Gesellschaft. Der Mensch arbeitet nicht bis zur Erschöpfung, weil er in seiner Arbeit eine tiefe Befriedigung empfände, sich also, wie im oben beschriebenen Sinne, durch sie verwirklichen würde; und er arbeitet auch nicht aus reiner Lebensnotwendigkeit. Vielmehr verausgabt er sich in seiner Arbeit, weil er ein kulturell eingepflanztes Schuldgefühl bekämpft. Nur wenn der Mensch arbeitet und sich im Konkurrenzkampf durchsetzt, ist er etwas wert; wenn er hingegen nur mit halber Kraft oder gar nicht arbeitet, ist er schuldig, schuldig vor dem herrschenden gesellschaftlichen Gesetz, das den Wert eines Menschen nach dessen Arbeitskraft bemisst.

»Nicht Muße und Genuß, sondern nur Handeln dient nach dem unzweideutig geoffenbarten Willen Gottes zur Mehrung seines Ruhms«, so formulierte Max Weber Anfang des vergangenen Jahrhunderts in seiner Abhandlung *Die protestantische Ethik und der Geist des Kapitalismus.* »Zeitverlust durch Geselligkeit, faules Gerede, Luxus, selbst durch mehr als der Gesundheit dienlichen Schlaf – 6–8 Stunden – ist sittlich absolut verwerflich.« Nur wenn der Mensch arbeitet, anstatt sich Muße und Genuss hinzugeben, verdient er sich die Liebe Gottes. Heute sind wir längst so weit, dass selbst die Erhaltung der Gesundheit keinen Grund mehr darstellt, sich der Muße hinzugeben. Schlaf? Brauch ich nicht, redet sich der Produktmanager ein, während er nachts im Flieger nach Thailand sitzt. Lieber noch einmal die Unterlagen für die morgige Sitzung studieren; und ohnehin bin ich viel zu nervös, um zu schlafen … Die Liebe Gottes ließ sich mit braver Dienstbeflissenheit und 6–8 Stunden Schlaf noch gewinnen; in der heutigen Gesellschaft ist weitaus mehr Einsatz und Arbeitseifer gefragt.

»Wie viele Aufsätze muss ich schreiben, um geliebt zu werden?«, fragt Miriam Meckel in ihrem Buch. Es geht nicht um den einzelnen Aufsatz, um seine Gestaltung, seinen qualitativen Wert, die Lust, mit der er verfasst wurde, sondern es geht um Quantität, um abstrakte Leistung, um Erfolg. Der Anspruch, dem man zu genügen versucht, ist nicht der konkrete Anspruch der Arbeit, sondern ein abstrakter Anspruch, der immer noch mehr verlangt: Wenn du eine Eins auf dem Zeugnis haben, wenn du die Goldmedaille gewinnen, wenn du den Chefposten haben willst, musst du *noch besser* sein! Besser als alle anderen! Aber was heißt ›besser‹? Was hat dieses Besser mit einer höchst individuellen Leidenschaft für die Arbeit zu tun, die naturgemäß Höhen *und* Tiefen kennt, die Pausen braucht und deren individueller Wert sich kaum in Noten oder Medaillen ausdrücken lässt? Nicht die Frage, was man selbst zu leisten überhaupt in der Lage ist, steht im Vordergrund, sondern wichtig ist einzig und allein die imaginierte oder auch reale Forderung des großen Anderen: Was will er von mir? Was muss ich tun, damit er mich anerkennt? Diese Art entfremdeten Arbeitens ist im Grunde vergleichbar mit der Sexarbeit im Pornofilm: Der Sex vollzieht sich nicht um seiner selbst willen, sondern für die Kamera. Auf das schwarze Loch – den imaginierten Anspruch – ist der Akt ausgerichtet, ob er Vergnügen macht, ist sekundär.

Auf diese Weise wird die Arbeit zunehmend sinnentleert: Was man auf einen ersten Blick womöglich für eine ekstatische

Lust an der Arbeit hält, ist in Wahrheit Dienstbeflissenheit, ein unermüdliches Erfüllen von Anforderungen. Man *muss* arbeiten, weil man nur so die Gunst des großen Anderen, die Gunst der Gesellschaft mit ihren Regeln, Normen und Anforderungen, gewinnen kann; und ehe man sich versieht, ist die Arbeit zu einem reinen Selbstzweck, zu einer leeren Pflicht geworden.

»Denn für die Arbeit ist der Mensch auf der Welt, für die ernste Arbeit, die den ganzen Mann ausfüllt. Ob sie einen Sinn hat, ob sie schadet oder nützt, ob sie Vergnügen macht (…) –: das ist alles ganz gleich. Es muß eine Arbeit sein. Und man muß morgens hingehen können. Sonst hat das ganze Leben keinen Sinn.

Und stockt einmal der ganze Betrieb, streiken die Eisenbahner oder ist gar Feiertag – dann sitzen sie herum und wissen nicht recht, was sie mit sich anfangen sollen. Drin ist nichts in ihnen, und draußen ist auch nichts los: also, was soll es? Es soll wohl gar nichts …«

So schrieb der Dichter Kurt Tucholsky bereits in den zwanziger Jahren in seinem Prosastück »Morgens um acht«. Die Arbeit ist es, worüber sich der moderne Mensch definiert. Wäre diese Arbeit aber eine erfüllende, nachhaltig befriedigende, gestalterische, und könnte man sicher sein, dass man sie auch noch hat, wenn man zwischendurch einmal nicht arbeitet, wüsste man sehr wohl auch ohne sie etwas anzufangen. Entspannt würde man sich zurücklehnen, müßiggehen, und inmitten der Langeweile würde irgendwann wieder die süße Sehnsucht nach Produktivität aufkeimen.

Zwar hat sich die Arbeitswelt seit Tucholskys Zeiten insofern verändert, als dass heute in vielen Tätigkeitsfeldern Schöpferkraft gefragt ist: die sogenannte Kreativwirtschaft

ist längst zu einem ertragreichen und nicht mehr wegzu-
denkenden Wirtschaftssektor avanciert. Muße und Ruhe
aber kann sich auch der Kreativwirtschaftler kaum leisten,
er muss produktiv sein, und zwar am laufenden Band. Der
freischaffende Designer, der eine Deadline verschiebt, weil
er uninspiriert ist, muss befürchten, seinen Auftraggeber zu
verlieren; und der Journalistin, die ein Jahr mit ihrem Baby
zu Hause verbringen möchte, unterstellt man Desinteresse
an ihrer Arbeit. Texte und Entwürfe hätten am besten schon
gestern fertig sein sollen, Zeit, etwas Fertiggestelltes zu genießen, bleibt nie, weil sofort die nächste Aufgabe drängt, und
wenn der Kreativwirtschaftler auch nur wenige Stunden am
Tag Internet und Handy ausschaltet, um in Ruhe arbeiten zu
können, muss er damit rechnen, dass ein Auftrag an jemand
anderen geht.

Druck und Stress gab es bereits vor der Erfindung des
Internets; seitdem Smartphones für Arbeitnehmer immer
mehr zur Pflicht werden und ohne Internetanschluss niemand
mehr ernsthaft teilhaben kann an der Arbeitswelt, ist an unge-
störtes Vertiefen überhaupt nicht mehr zu denken. Pling! Post.
Schnell gucken. Klick. Und schnell antworten. Klick. Wo war
ich gerade? Ach ja. Weiter im Text. Hmm. Kniffelige Stelle.
Herrje, die Zeit drängt, gleich ist Konferenz und ich habe
immer noch nichts Präsentables ... Vielleicht schau ich kurz
bei *Spiegel online*, und wenn ich schon mal dabei bin, auch noch
beim *Guardian* rein, das bringt mich immer auf Ideen. Klick.
Pling! Schon wieder eine Mail. Klick. Reply. Klick. Lohnt
sich jetzt kaum noch, richtig in den Text zu gehen. Hab eh
einen Mailüberhang von gestern ... »Im Nachhinein kamen
mir solche Tage vor, als hätte ich in der staubtrockenen Luft
eines Kopierladens fortwährend nur leere Blätter in die Luft
geworfen, bleiche, zerfaserte Zeit.« So schildert der Journalist

Alex Rühle seinen internetbedingten Alltagsstress in dem Buch *Ohne Netz*, das von seinem halbjährigen *Offline*-Selbstversuch handelt. »Als würde da einer hinter meinem Rücken, während ich in den Bildschirm starre, mit dem Tintentod über den Tag drübergehen: Kaum vergangen, ist alles verblasst.« Hier schnell einen Begriff googeln, da flugs noch einen Artikel lesen, zwischendurch 30, 40, 50 Mails checken: Nachgerade zwanghaft verausgaben wir uns heute im Netz, sammeln, kommunizieren, saugen auf, bis sich das Denken vollends verflüchtigt hat in den unendlichen Weiten des Cyberspace. Mit Verwirklichung durch Arbeit hat ein solches Tätigsein nichts zu tun.

Wenn ein Mensch trotz größter Anstrengung nur ›leere Blätter in die Luft wirft‹, wie Rühle so treffend formuliert, ist die Gefahr, arbeitssüchtig zu werden, groß. Weil die Arbeit nichts hervorbringt, sondern sich in frustrierenden Sisyphostätigkeiten erschöpft, ist man ständig unzufrieden und hat ununterbrochen das Gefühl, nicht genug gearbeitet zu haben. Was daraus resultiert, ist ein tiefes Enttäuschtsein und Unsicherheitsempfinden, weil auch das ehrgeizigste Engagement nie die ersehnte Anerkennung bringt: Es gibt immer noch mehr zu tun, noch mehr zu erledigen – und wenn ich es nicht tue, tut es womöglich irgendwann jemand anderes, der eine größere Bereitschaft zur Verausgabung hat.

Es ist tatsächlich wie in einer unerfüllten Liebe: Weil in unserer Kultur weniger Verwirklichung durch Arbeit als vielmehr abstrakte Leistung zählt, fühlt der Mensch sich austauschbar und ersetzbar – und strengt sich umso mehr an, um es nicht zu sein. »Ich bin nachts aufgewacht, meist schweißgebadet, und mir fiel ein, wo ich noch nachhaken, anrufen oder etwas abliefern musste«, schreibt Meckel rückblickend über die Zeit vor ihrem Burnout. »Dann stand ich auf

und schrieb es auf einen Zettel. Ich hätte sonst nicht wieder
einschlafen können, weil die unerledigte Aufgabe wie eine
Zentrifuge in meinem Kopf rotierte... Ich bin oft gegen zwei
oder drei Uhr wach geworden und konnte einfach nicht wieder einschlafen... Wenn es früher Morgen war, irgendwann
nach vier, habe ich mich an den Computer gesetzt und Dinge
abgearbeitet, die liegengeblieben und noch zu erledigen waren,
Emails geschrieben.«

Nicht primär über seine Neigungen und Bedürfnisse, sondern über seine Leistung definiert sich der Mensch in der
Hochleistungsgesellschaft, und zwar von Kindesbeinen an.
Schon bei Babys geht es heute um Leistungsoptimierung und
gezielte Talentförderung. Alle paar Monate werden Entwick-
lungsstände überprüft, Motorik und Kognition geschult, und
sobald sich auch nur das kleinste Anzeichen eines Talents
zeigt, wittern viele Mütter und Väter sofort etwas ganz Großes. In Extremfällen geht das Kind mit vier Jahren in den
Tennisverein, trainiert, sobald es sechs ist, dreimal die Woche,
und wenn es sonntags Turniere spielt, schaut es zwischen
den Ballwechseln immer wieder angst- und hoffnungsvoll zu
Mutter und Vater, die mit den größten Erwartungen auf der
Tribüne sitzen. Wirklich geliebt fühlt sich das Kind nur, wenn
es gewinnt; verliert es, grämt es sich. Auch in vergleichsweise
normalen, weniger ambitionierten Familien ist das Leistungs-
denken fest verankert. Unverplante Zeit, Gelegenheit zur
Muße gibt es fast nie, und zwar nicht zuletzt deshalb, weil die
Eltern ebenfalls dem Leistungsimperativ gehorchen. Der Tag
ist eng getaktet, alles muss immer *schnell* gehen (»Wir müssen
zur Arbeit!«), schon morgens müssen die Schuhe *schnell* gebunden werden, dann muss man *schnell* zur Schule, anschließend
schnell zum Training oder zum Klavierunterricht, und abends
schnell ins Bett, weil morgen ja wieder ein harter Tag ist...

Eine Verwirklichung durch Arbeit aber braucht Muße. Um sich zu entfalten, muss der Mensch im Spiel versinken dürfen, zweckfrei und ohne Angst. »Denn, um es endlich auf einmal herauszusagen, der Mensch spielt nur, wo er in voller Bedeutung des Worts Mensch ist, und er ist nur da ganz Mensch, wo er spielt«, schreibt Friedrich Schiller in seiner Abhandlung *Über die ästhetische Erziehung des Menschen.* Sorglos spielen kann ein Mensch nur, wenn er sich *gehalten* fühlt. Gehalten durch eine Gesellschaft, die ihn anerkennt, und, übertragen auf das Kind, gehalten durch die Liebe der Eltern, die ein tiefes Gefühl der Sicherheit vermitteln. Das heißt aber keineswegs, dass der Spielende einfach vor sich hin werkelt, träge und ohne jeden Ehrgeiz, denn immerhin ist er auf die Liebe der Großen angewiesen – ja, als Ermöglichungsgrund des eigenen Spiels bewundert und liebt er sie zutiefst und will sie nicht enttäuschen. Vielmehr möchte er ihnen etwas Schönes zeigen, etwas, das er selbst, mit seinen eigenen Händen, hervorgebracht hat! Wenn der glücklich in seine Arbeit Verliebte also an seinem Gegenstand feilt, ihn schöner und schöner gestaltet, dann tut er das nicht einfach nur für sich selbst. Er tut es für einen geliebten Anderen, der ihm, ob real oder imaginär, über die Schulter schaut und sagt: An dieser Stelle bist du noch nicht genau genug… Dort hast du etwas übersehen… Schau mal, vielleicht könnte man hier noch ein bisschen… Auf diese innere Stimme hört der Spielende. Wieder und wieder setzt er sich an sein Werk, die Hinweise des Anderen aufnehmend.

Dies ist der Punkt, an dem sich der verwirklichende Mensch und der arbeitssüchtige Mensch am nächsten kommen, ja, an dem aus einem eigentlich glücklich Verliebten sogar, wenn es ganz schlimm kommt, ein unglücklich Verliebter werden kann: Je nachdem, *wie* der imaginäre Andere seine Kritik äußert, *was* sie beinhaltet und *wie* sie gehört wird, kann der Verliebte sie entweder produktiv aufnehmen, oder aber er stockt. Verliert den Faden. Blockiert. Grämt und geißelt sich, weil der Andere ihn nicht anerkennt, ihn nachgerade vernichtet hat durch seine Kritik. Der ehemals glücklich Verliebte fühlt sich zerstört, verlassen, ungeliebt und austauschbar. Unbedingt will er die Liebe zurückgewinnen und quält sich mit der Frage, was ihm, dem Anderen, wohl gefallen würde ... Doch ihm will nichts gelingen. Plötzlich hat er keinen Appetit mehr. Schläft nicht. Ist unruhig, hektisch, bisweilen sogar panisch: Wird die Liebe je zurückkommen?

Lassen wir die Frage an dieser Stelle unbeantwortet und verschieben sie ins nächste Kapitel, das, ausgehend von der Erfahrung asketisch-selbstquälerischen Grübelns, nach dem Zusammenhang von Genuss und Denken fragt.

Heideggers Plüsch
Denken und Genuss

Warum sitze ich hier und grüble, während die Welt sich amü-
siert? Ich schlafe schlecht, bin selbst nachts mit angestrengtem
Nachdenken beschäftigt, werde überaus kritisch mit mir selbst,
ja geradezu hart gegen mich, was sich vor allem darin zeigt,
dass mich jede Form der Ablenkung oder gar Verlockung
allein schon gedanklich stresst. Bloß nicht verführen lassen!
Alkohol? Sex? Um Himmels willen den Kopf bewahren! Der
Sache mit klarem Verstand begegnen! Also ziehe ich mich
zurück. Verschließe die Tür. Und übe mich in Askese. Wie alle
Denkerinnen und Denker. Der Philosoph Martin Heidegger
zum Beispiel suchte, wenn er in Ruhe philosophieren wollte,
seine spartanische Hütte am Feldberg auf, eine Klause ohne
fließendes Wasser und einer, wie Heidegger selbst sie nannte,
winzigen »Studierzelle«.

Entsagung und Rückzug – beides, so scheint es, ist der
Preis, den Denker und Denkerinnen zu zahlen haben. »Wenn
du vollkommen sein willst, geh und verkauf deinen Besitz
und gib das Geld den Armen; so wirst du einen bleibenden
Schatz im Himmel haben; dann komm und folge mir nach«,
heißt es im Matthäusevangelium. Der heilige Antonius hörte
diese Bibelworte eines Tages in der Kirche, woraufhin er sein
Hab und Gut verschenkte, sich in die Einsamkeit zurückzog
und sein Leben als Eremit und Asket verbrachte. Wegen des
bleibenden Schatzes im Himmel.

Ist Denkern und Denkerinnen also ein freudloses Leben auf Erden beschieden? Müssen sie darben und sich quälen, um (hoffentlich!) durch ihr Werk in die Ewigkeit einzugehen? Stimmt es demnach, was man gemeinhin über diese Spezies Mensch denkt? Dass sie hoffnungslos verkopft, unempfänglich für jegliche Form des Genießens, melancholisch und einsam sei?

Liest man einen Brief Martin Heideggers an Hannah Arendt, den er während der Niederschrift von *Sein und Zeit* abfasste, dann scheint es sich tatsächlich so zu verhalten. Zumindest auf den ersten Blick. »Ich habe dich vergessen«, schrieb Heidegger 1926 an die Philosophin, die seine Geliebte war, »nicht aus Gleichgültigkeit, nicht weil äußere Umstände sich dazwischen drängten, sondern weil ich dich vergessen musste und vergessen werde, so oft ich auf den Weg der letzten konzentrierten Arbeit komme. Das ist keine Sache von Stunden oder Tagen, sondern ein Prozeß, der in Wochen und Monaten sich vorbereitet und wieder abklingt. Und dieses Weg-Kommen von allem Menschlichen und Abbrechen aller Bezüge ist im Hinblick auf das Schaffen das Grandioseste, was ich an menschlichen Erfahrungen kenne – im Hinblick auf die konkreten Situationen das Verruchteste, was einem begegnen kann. Es wird einem bei vollem Bewusstsein das Herz aus dem Leibe gerissen.« Heidegger musste nicht nur jeden Kontakt zur Außenwelt abbrechen, um zu arbeiten, er wurde auch noch regelrecht ausgeweidet und aller Sinne beraubt, damit er sich als reiner Geist seiner Arbeit widmen konnte.

Ähnliches widerfuhr auch dem heiligen Antonius. In der Wüste wurde er immer wieder von kleinen spitzzahnigen Dämonen heimgesucht, die ihn vom Glauben abzubringen versuchten. Auf einem anonymen Gemälde aus dem Jahre 1520 etwa greifen die kleinen Monster den Heiligen von allen

Seiten an, zwicken und zwacken ihn, ziehen und zerren an ihm. Aber Antonius schreit nicht. Eher wirkt er angestrengt. Angestrengt wie ein Denker. Zwischen seinen Augen ist eine tiefe Falte zu erkennen, und sein Blick ist starr gen Himmel gerichtet. Als würde von dort die Rettung kommen, wenn er sich nur genügend konzentriert, konzentriert auf das Wesentliche. Er darf sich nur nicht ablenken, nur nicht in Versuchung führen lassen von den bösen Teufelchen! Wie erstarrt wirkt Antonius in seiner Konzentration. Vor dem Hintergrund

Der Heilige Antonius von Dämonen gepeinigt (UM 1520), ANONYM

moderner Kategorien ließe sich sogar sagen: Antonius wirkt beinahe depressiv. Ergeben und fast wie tot hängt er zwischen den Zähnen der Teufel. Nur sein Kopf arbeitet. Unermüdlich. Während die Welt um ihn herum versinkt.

Doch kommen wir zurück zu Heidegger. Denn bei genauerem Hinsehen hat sich der Philosoph in seiner Berghütte durchaus nicht auf gänzlich unsinnliche Weise sein Hirn zermartert. Ganz im Gegenteil. Von Grandiosität ist da die Rede, und sogar von Verruchtheit! Für einen Asketen klingt das doch auffallend sexuell, geradezu ekstatisch. Und in der Tat: Heidegger *musste* den Kontakt zur Geliebten abbrechen, *musste* sich in seine Hütte zurückziehen, um sich auf eine nachgerade sexuelle Weise seiner Arbeit hingeben zu können. Man könnte auch sagen: Er tauschte eine Geliebte gegen die andere aus.

Tatsächlich ist ja die Intimität, die im Alleinsein mit den eigenen Gedanken entsteht, in gewisser Hinsicht mit der eines sexuellen Aktes vergleichbar. Ich lasse mich ein, öffne mich, werde empfindsam für Bedeutungen, die mich fortführen, um nicht zu sagen, *ver*führen, und greife dabei immer wieder sanft lenkend ein, um meinen Gedankengängen einen Sinn, eine Richtung zu geben. Und damit dieses lustvolle Wechselspiel gelingen, ja, damit es überhaupt *beginnen* kann, ist nun einmal ein bestimmtes Setting vonnöten. Eine Rahmung, die Intimität überhaupt erst ermöglicht. Ist es nicht beim Denken wie auch beim Sex so, dass vieles sich von allein ergibt, wenn die Lust erst einmal da ist? Und während Liebende gern bei Kerzenschein Rotwein trinken, um sich in Stimmung zu bringen, und sich sodann auf ein weiches Lager niedersinken lassen, das zum Liebesakt einlädt, brauchen Denker wie Heidegger eben Holzbänke und kaltes Brunnenwasser, damit die Lust kommt – was letzten Endes bedeutet, dass die Studierzelle nicht asketischer ist als ein Schlafzimmer. Oder ein Bordell.

Denn all diese Orte haben gemeinsam, dass es in ihnen um die Produktion von Lust geht: Hier sollen Körpersäfte fließen, dort Gedanken hervorsprudeln.

Aber *warum* bevorzugt Heidegger eigentlich, anders als der Liebhaber, spartanische Kargheit? Hätte er nicht auch hin und wieder mal einen Champagner trinken können? Mit seiner Liebsten hingeräkelt auf rotem Plüsch? Zumindest abends, nach getaner Arbeit? Wozu diese Selbstkasteiung? Die Antwort lautet: Weil der Philosoph offensichtlich erst in der Abwesenheit irdischer Verlockungen die Verbindung zum Werk aufnehmen konnte – ganz ähnlich wie auch Antonius die Verbindung zu Gott nur zu halten vermochte, weil er sich von den Dämonen nicht aus dem Konzept bringen ließ. Könnte ein Gedanke inmitten realer Genüsse überhaupt zu funkeln beginnen? Käme er überhaupt zur Geltung? Würde er nicht unwiederbringlich überstrahlt? Und bezogen auf Antonius: Wäre der Heilige je zu Gott gekommen, wenn er sich von morgens bis abends Weib, Wein und Gesang hingegeben hätte? Erst in der Entbehrung, so scheint es, zeigt sich der Reiz des rein Geistigen, der Reiz des Metaphysischen. Und tatsächlich wird ja Denken, Fabulieren, Träumen, Glauben, sogar das Sprechen selbst erst notwendig, wenn real etwas fehlt. Wenn etwas, das ich haben will, abwesend ist. Wenn ein Wunsch übrig bleibt. Meine kleine Tochter ruft nur dann nach mir, wenn ich nicht in ihrer Nähe bin. Wenn sie mich vermisst. Philosophen erkennen nur dann Zusammenhänge und Schriftsteller erfinden nur dann Geschichten, wenn sie sich real aus Bezügen lösen. Und wie sollte vor meinem geistigen Auge ein kühles Bier erscheinen, wenn ich überhaupt nicht durstig bin?

Keine Sehnsucht ohne Entbehrung also. Wann sehne ich mich denn am stärksten nach einem anderen Körper? Wenn

ich gerade nach vollbrachtem Liebesakt aus dem Bett steige?
Oder nach monatelangem Darben? Und ist nicht insofern die
Studierzelle oder auch jede Bibliothek letzten Endes sogar viel
obszöner als ein Puff? Wer kennt sie nicht, die aufflammende Lust inmitten von
Bibliotheksregalen? Tag für Tag sitzt man am immergleichen
Schreibtisch, gräbt sich hinein in das verstaubte Wissen der
Jahrhunderte ... Da braucht nur ein Duft heranzuwehen, der
Geruch eines menschlichen Wesens, und schon heben sich
die Augen unweigerlich, sehen ein Stück vorbeieilendes Bein,
verfolgen den Körper, bis er wieder in irgendeiner Reihe ver-
schwindet, Ha 13,3 bis Hc 17,5 zum Beispiel, die Reihe mit den
philosophischen Wörterbüchern, von denen glücklicherweise
immer mal wieder eines fehlt, sodass sich hier und da noch ein
Körperteil zeigen kann, ein Arm, eine Schulter, ein bisschen
Hüfte ... Nur wer fastet, träumt ständig vom Essen. Und nur
wer sich hin und wieder in Situationen bringt, in denen jede
Form körperlicher Hingabe vollkommen unmöglich ist, kann
sexuellen Appetit sogar auf ein Stück Bein entwickeln. Die
Askese, die doch eigentlich jede Lust verhindern soll, bringt
sie also anscheinend überhaupt erst hervor.

Das wirft nun allerdings noch einmal ein gänzlich anderes
Licht auf den heiligen Antonius. Wenn es nämlich Lust ohne
Askese gar nicht gibt, dann sind die Dämonen, die ihn pie-
sacken, in Wahrheit keine Ablenkung, sondern die *Folge* seiner
asketischen Hinwendung zu Gott. »Die asketische Praxis, die
auf eine Stillstellung aller geistigen Unruhe abzuzielen scheint,
provoziert das Gegenteil davon«, meint der Literaturwissenschaftler Niklaus Largier. »Die Aufkündigung sozialer, fami-
liärer, generell natürlicher Bande im Namen einer Intensivie-
rung des Bezuges zu Gott generiert eine neue Artikulation der
Welt in Form dämonischer Figuren.« Mit anderen Worten: Der

120

Eremit Antonius ist nicht von Teufeln heimgesucht worden. Vielmehr hat er, durstig, hungrig und einsam in der Wüste lebend, ständig alle möglichen Verlockungen halluziniert. Könnte es nicht tatsächlich sein, dass Antonius Wein, Weib und Gesang weniger als Versuchung fürchtete, als dass er sich danach sehnte? Dass er sich in seiner Einsamkeit nichts mehr wünschte als die körperliche Nähe zu einer Frau und also die süßen Bisse seiner Teufelchen durchaus auch genoss? Die Phantasien des Antonius entspringen einer körperlichen Sehnsucht. Und auch Heidegger kommt ins Philosophieren, weil er einen Mangel verspürt. Anders gesagt: Er philosophiert, weil er begehrt. Indem er sein Werk an die Stelle der Geliebten setzt, kann er beim Schreiben eine Verruchtheit und Grandiosität empfinden wie sonst nur im sexuellen Akt. Doch das bedeutet keineswegs, dass Heidegger und Antonius einfach nur Wonne empfunden hätten beim Denken und Phantasieren! Wer begehrt, *will* schließlich etwas, und dieses Wollen ist lustvoll und quälend zugleich und lässt sich nur aushalten, wenn die Hoffnung auf Erlösung nicht stirbt. Deshalb blickt Antonius so angestrengt in den Himmel, mit einer tiefen Falte zwischen den Brauen, die vielleicht das charakteristischste Merkmal eines denkenden Menschen ist, aber durchaus auch sexuelle Angespanntheit anzeigen kann: Bei aller Hingabe geht es ja immerhin darum, irgendwann ans Ziel zu kommen, weil, wie der amerikanische Autor Philipp Roth in seinem Roman *Empörung* so treffend schreibt, »Petting ohne Höhepunkt der Evolution ein Greuel ist«. Dasselbe gilt fürs Denken. Zwar führt eine andauernde gedankliche Anspannung nicht zu stechenden Schmerzen in der Lendengegend oder, wie Roth aus männlicher Perspektive schildert, zu »blauen Hoden«, aber doch immerhin zu dröhnendem Kopfweh, verspannten Nackenmuskeln, Rückenschmerzen

oder gar, wenn der Druck allzu groß wird, zu einem nervtötenden Piepen im Ohr. Die letzte Stufe ist die Depression,
ein Gefangensein in Teufelsklauen. Der Druck *muss* sich entladen, aber dieses Müssen macht natürlich alles nur noch
schlimmer! Es ist tatsächlich wie beim Sex: Wer nur noch
ans Ziel denkt, verliert die Sache, um die es doch eigentlich
geht, aus den Augen.

Aber worum genau geht es denn *eigentlich* beim Denken?
Doch wohl, so möchte man meinen, um die Wahrheit! Das
Finden der Wahrheit ist das Ziel des Denkens: Erst wenn sie
gefunden ist, löst sich alle Anspannung in Wohlgefallen auf.
Und wer wollte es da dem philosophierenden Menschen ver-
denken, dass er auf diesen Punkt, auf diesen Höhepunkt seines Wirkens und Werdens, hinstrebt? Allein: Die Wahrheit ist
nichts, was gefunden werden könnte wie ein Goldstück oder
sich offenbaren würde wie ein nackter Leib. Vielmehr besteht
ihr Wesen darin, dass sie sich entzieht – und gerade dieser
Entzug ist es, der sie so begehrenswert erscheinen lässt. »Das
zu-Denkende wendet sich vom Menschen ab. Es entzieht sich
ihm«, so formulierte Heidegger in seiner Vorlesung *Was heißt
Denken?*, die er Anfang der fünfziger Jahre an der Universität
Freiburg hielt. »Was sich uns entzieht, zieht uns dabei gerade
mit, ob wir es sogleich und überhaupt merken oder nicht.«
Indem und gerade weil die Wahrheit sich vom Menschen
abwendet, weckt sie sein Begehren. Sie lockt ihn, ihr zu folgen,
verführt ihn dazu, ihr nachzuspüren – und immer, wenn er
glaubt, sie zu erkennen, entzieht sie sich aufs Neue.

Philosophisches Nach-Denken besteht somit weniger in
der Wahrheits*findung* als vielmehr in der Wahrheits*suche*, oder
man könnte auch sagen: Es ist nicht pornographisch, sondern
erotisch. Die Pornographie kennt kein Geheimnis, das es zu
lüften gälte, alles ist sichtbar, und deshalb bleibt ihr nichts

anderes übrig, als krampfhaft und zwanghaft einen Höhepunkt an den anderen zu reihen. Die erotische Lust hingegen entzündet sich nicht an Sichtbarem, sondern an Abwesendem. Sie kennt keine nackte Wahrheit, sondern nur den Schleier des Scheins, der das hinter ihm Verborgene lediglich *andeutet* und so die Phantasie anregt. Mal strafft sich der Stoff hier, mal da, legt sich in Falten, deren Wurf der Blick folgt wie einer Welle am Strand, verträumt fragend, woher sie wohl kommen mag, aus welcher Tiefe … Zwar gibt es Höhepunkte auch in der Erotik, aber nie so kalkulatorisch wie in der Pornographie. Sie geschehen eher beiläufig, sind ein Geschenk des Himmels – so wie auch im Denken. Tatsächlich kommen plötzliche Eingebungen ja gerade dann, wenn man am wenigsten mit ihnen rechnet, nämlich während der Abschweifung und nicht im angestrengten Aufs-Ziel-Zusteuern.

Die Inspiration ist im wahrsten Sinne eine Gabe. Es ist, als würde der Denker vom ›zu-Denkenden‹ selbst beschenkt, weil er es nicht als Sache begreift, die es in einem technischen Sinn zu bearbeiten gilt, sondern sich ihm mit Liebe und Hingabe widmet. »Der Mensch kann denken, insofern er die Möglichkeit dazu hat«, schreibt Heidegger. »Allein dieses Mögliche verbürgt uns noch nicht, daß wir es vermögen. Denn wir vermögen nur das, was wir mögen.« Und bedeutet Mögen beziehungsweise Lieben nicht auch: loslassen können? Wer liebt, versucht nicht mit Macht das geliebte Gegenüber für sich zu gewinnen, er weiß, dass der Andere ihm nie gehören wird wie ein Haus oder ein Auto, und nur vor dem Hintergrund dieser zugestandenen Freiheit kann der oder die Geliebte sich dem oder der Liebenden schenken.

Und verhält es sich mit einem Gedanken nicht ganz ähnlich? Ich kann über meine Gedanken nicht beliebig verfügen, sie haben ein Eigenleben, und nur wenn ich ihnen dieses eigene Leben zugestehe, vermag ich auszuhalten, wenn sie sich zeitweilig zurückziehen. Anstatt mich an sie zu klammern und sie so erst recht zu verscheuchen, lasse sich sie los und halte mich offen für ihre Rückkehr.

Zu lieben setzt zudem voraus, dass ich mein Gegenüber tatsächlich in seinem Sosein wahrnehme, anstatt es zu sehen, wie ich es sehen *will*. Mein Geliebter ist nicht meine Projektion, sondern ein Mensch, den es mit Aufmerksamkeit zu bedenken gilt und zu dem ich mich auf diese Weise in eine Beziehung setze. So auch im Denken. Erkenntnis entspringt nicht der reinen Vorstellung des Gegenstandes, sondern sie findet vielmehr da statt, wo ich diesen Gegenstand tatsächlich als solchen *erfahre*. »Wir stehen«, schreibt Heidegger, »z. B. vor einem blühenden Baum – und der Baum steht vor uns. Er stellt sich uns vor. Der Baum und wir stellen einander vor, indem der Baum dasteht und wir ihm gegenüber stehen.« Nur wenn wir also die Vor-Stellung tatsächlich beim Wort nehmen und sie als eine Begegnung verstehen, wagen wir, so Heidegger weiter, den »Sprung« hinein ins Denken. »Wo spielt dieses Vorstellen, wenn wir einem blühenden Baum gegenüber, vor ihm stehen? Etwa in unserem Kopf? Gewiß; in unserem Gehirn mag mancherlei ablaufen, wenn wir auf einer Wiese stehen und einen blühenden Baum in seinem Leuchten und Duften vor uns stehen haben, ihn wahrnehmen. Man kann heute sogar die Vorgänge im Kopf als Gehirnströme durch geeignete Apparaturen der Umformung und Verstärkung akustisch vernehmbar machen und ihren Verlauf in Kurven nachzeichnen… Aber wo bleibt, um uns auf unseren Fall zu beschränken, wo bleibt bei den wissenschaftlich registrierbaren Gehirnströmen der blühende Baum? Wo bleibt die Wiese? Wo bleibt der Mensch?« Nicht die Neuronen in den Gehirnbahnen sind es, die denken, sondern der *Mensch* denkt;

der Mensch mit seinen Sinnesorganen sowie seiner Geschichte und seinen Erfahrungen, die er an die Welt heranträgt, so wie die Welt umgekehrt ihre Geschichte und Erfahrungen an den Menschen heranträgt.

Der blühende Baum also lehrt uns: Das Denken findet weder einfach nur im Kopf noch ausschließlich am Schreibtisch statt. Woher soll sich das Denken denn speisen, wenn nicht aus der konkreten Erfahrung? Die Gedanken brauchen Futter, sonst verzehrt sich der Denker im Grübeln. Wie Antonius. Gequält blickt er nach oben, als wartete er auf den leuchtenden Einfall, aber der kommt nun einmal nicht aus dem Nichts. Wer inspiriert werden will, braucht nicht nur asketische Leere, die Abwesenheit irdischer Genüsse, sondern auch Fülle! Wir, die wir die christliche Tradition im Rücken haben und das Denken als eine einsame, abstrakte Angelegenheit begreifen, vergessen tatsächlich nur allzu leicht, dass man im antiken Griechenland noch ganz anders, nämlich draußen, in der Natur, den Straßen der Stadt und in Gemeinschaft zu philosophieren pflegte. Der griechische Philosoph Sokrates hat nicht in der Mönchszelle nachgedacht, sondern auf dem Marktplatz, beim Umherwandeln und im Gespräch mit Freunden, deren Erfahrungen, Meinungen oder auch Fragen das gemeinsame Philosophieren in Gang setzten. Im nächsten Kapitel wollen wir uns einem dieser Gespräche, das für die Verbindung von Genuss und Denken höchst aufschlussreich ist, etwas ausführlicher widmen. Geführt hat Sokrates es während jenes berühmten Gastmahls, zu dem der Tragödiendichter Agathon geladen hatte und bei dem es zumindest am Ende alles andere als asketisch zuging. Doch beginnen wir am besten von vorne.

Eros
Wie ein Dämon das Denken befruchtet

Dieser kleine Ausflug in die griechische Antike handelt also
vom Gastmahl des Agathon. Sokrates, der berühmte Müßig-
gang-Philosoph, trifft als Letzter bei dem Dichter ein, weil er,
kurz bevor er dessen Haus erreicht, in einem benachbarten
Hauseingang stehen geblieben ist, um einen Gedanken in Ruhe
zu Ende zu denken. Als sich alle Geladenen beim Gastgeber
eingefunden haben, beschließt man, anstatt wie sonst den
Trinkritualen zu folgen, lieber zu philosophieren, nachdem sich
nämlich am Abend zuvor schon einige der Gäste gehörig »bene-
belt« hatten. Ein gewisses Maß an Entsagung brauchten also
offensichtlich auch die Griechen, um ins Denken zu kommen:
Zwar sind die Gäste des Agathon von der Berghüttenaskese
Heideggers weit entfernt, denn immerhin speisen sie üppig und
verzichten zudem nicht völlig auf Wein, sondern verabreden
lediglich, nur »nach Behagen zu trinken«; dem Rausch aber gibt
man sich nicht hin, sondern, an seiner statt, der Philosophie.

Das Gesprächsthema des Abends, darauf einigt man sich
recht schnell, soll der *Eros* sein, der Gott der Liebe, welcher,
da von den Dichtern sträflich missachtet, endlich gewürdigt
werden müsse; und so verabreden die Gäste, nacheinander
eine Lobrede auf diesen »uralten und gewaltigen Gott« zu
halten. Sokrates, der am hinteren Ende des Tisches liegt, ist
zuletzt an der Reihe. Warum, so fragt Sokrates seinen Vorredner, preist du den Eros als vollkommenen Gott, wenn er

doch der Gott der Liebe ist? Heißt Lieben nicht: *etwas* lieben? *Etwas* begehren? Und wenn also Eros etwas begehrt – muss man dann nicht zugeben, dass ihm dieses Etwas *fehlt*? Er also unvollkommen ist?

An dieser Stelle bricht Sokrates den Dialog mit seinen Vorrednern ab und berichtet von einem lange zurückliegenden Gespräch mit seiner damaligen Lehrerin Diotima, die ihm das Wesen des Eros nahezubringen versuchte. »Eros«, so erklärte Diotima, »ist die Liebe zu allem Schönen, folglich ist Eros notwendig ein Philosoph.« Eros, der Philosoph, will das Schöne erlangen, und das heißt: den »dauernden Besitz des Guten«, wie Diotima weiter erläuterte – denn nur dieser Besitz mache den Menschen glückselig. Aber wie erreicht der Philosoph dieses Ziel? Was ist seine Methode? Nun: »Es ist dies die Zeugung des Schönen, des Körpers wie der Seele nach.«

Diese Antwort ist natürlich bemerkenswert: Die Methode des Philosophen besteht in der *Zeugung*? In einem Liebesakt also? Aber wie kann das sein? Widerspricht die körperliche Liebe der geistigen nicht zutiefst, wie uns die christliche Askese lehrt? Durchaus nicht, so Diotima. Vielmehr ist der Zeugung das Streben nach Schönheit wesentlich und insofern auch im Denken nachahmenswert – vereinigt sich der Mensch doch auf nachgerade natürliche Weise nur mit dem, was er schön findet: »So kommt es denn, daß, wenn das zeugungsbedürftige Wesen dem Schönen sich nähert, es froh gestimmt wird und in Wonne zerfließt und sich entlädt und zeugt. Trifft es aber auf Hässliches, dann zieht es sich finster und traurig in sich selbst zusammen, wendet sich ab, rollt sich zusammen, und zeugt nicht, sondern behält seinen Zeugungsstoff bei sich, an dem es schwer zu tragen hat.«

Denken wir an dieser Stelle noch einmal kurz an den depressiv wirkenden Antonius in der Wüste: Der Heilige hält, einsam in der Wüste lebend, den ›Zeugungsstoff‹ im wahrsten Sinne bei sich, denn ihm fehlt ein Gegenüber, mit dem gemeinsam er zeugen könnte. Zwar phantasiert er, wie wir gesehen haben, die Frau sehr wohl herbei, aber sie bleibt reine Vorstellung und damit eine Kopfgeburt, und so versinkt Antonius in Melancholie. Ganz anders dagegen Eros, der sich lustvoll mit einem Anderen vereinigt – und zwar sowohl im Liebes- als auch im geistigen Schöpfungsakt. Wenn er einen Gedanken hervorbringen will, dann tut er es nicht allein, sondern mit einem Gegenüber, genauer: mit einer schönen Seele, denn dem Hässlichen ist er abgeneigt. Sobald Eros mit dem Schönen in Berührung kommt, so Diotima, »gebiert und zeugt er, womit er schon lange schwanger ging, in seinen Gedanken ganz nur ihm angehörend, gleichviel ob anwesend oder abwesend, und in Gemeinschaft mit ihm zieht er das Erzeugte auf. So haben denn Genossen dieser Art eine weit innigere Gemeinschaft und festere Freundschaft miteinander als eine auf leiblichen Kindersegen gegründete; haben sie doch schönere und unsterblichere Kinder miteinander gezeugt.«

Der Philosoph schöpft folglich nie nur durch sich selbst, sondern zeugt *in der Beziehung zu einem Anderen* fortlebende Gedanken – und dafür ist Sokrates selbst das beste Beispiel. Anstatt wie seine Vorredner über den Eros lediglich zu monologisieren, rekapituliert er sein Gespräch mit Diotima, mit der gemeinsam er zu seiner Erkenntnis gekommen ist. Sokrates weiß, dass er nie allein den Weg zur Wahrheit beschreiten kann, er weiß, dass er nicht über dieselbe Vollkommenheit verfügt wie ein Gott, sondern Philosoph ist. Sokrates ist ein Fragender. Ein Begehrender. Ein Mensch, dem etwas fehlt.

Nachdem Sokrates seine Ausführungen beendet hat, betritt sein schwerberauschter Verehrer Alkibiades das Haus, geschmückt mit Bändern und Blumen, um Sokrates zu umschwärmen. Kaum hat dieser die Avancen des Alkibiades abgewehrt, »erschien plötzlich eine große Schar von Nachtschwärmern an der Tür, und da gerade jemand hinausging, so fanden sie dieselbe geöffnet und stürmten nun geraden Weges herein zu uns und ließen sich nieder. So füllte sich denn alles mit Lärm und ohne jede Ordnung ward man gezwungen maßlos zu trinken.« Sokrates hält bei dem Gelage am längsten durch. Noch im Morgengrauen trinkt er mit Agathon und Aristophanes aus einem »großen Pokal«, »rechts herum«. Irgendwann schlummern seine Gesprächspartner ein, Sokrates selbst hingegen steht auf und geht, um in gewohnter Weise sein Tagwerk zu verrichten.

Sollten wir uns demnach nicht eher, was das Denken und das Genießen angeht, an den Griechen orientieren als an den Asketen des Christentums? Wäre Antonius ein glücklicherer Mensch gewesen, wenn er wie Sokrates speisend dem Eros gehuldigt hätte, anstatt in der Wüste zu darben? In jedem Fall sollten wir, so viel sei am Ende gesagt, unseren Dämonen Gehör schenken – und zwar nicht zuletzt, weil auch Eros zu ihnen zählt. Der Gott der Liebe, so lehrte einst Diotima, war nämlich ein »großer Dämon«, ein Wesen zwischen Gott und Mensch, das uns im Wachen oder im Schlaf heimsucht, um, einem Priester, Wahrsager oder Propheten gleich, göttliche Botschaften zu übermitteln. Erotisch, ja abgründig sind diese Botschaften, gekleidet in Traumbilder, die von Versuchung und Verführung handeln, von einem Genießen, das umso monströser und bedrohlicher wird, je mehr man es sich versagt. Von diesem Genuss kündet der Dämon und macht damit bewusst, was, als Verdrängtes, im Schattenreich des Unbewussten schlummerte. Mit anderen Worten: Er holt das Genießen hinein ins Denken.

Der grenzenlose Mensch
Über das Verschwinden des Schmerzes

»Ich nehme jetzt eine Tablette, und dann geht es mir gleich wieder gut.« So oder so ähnlich klang der Satz, ausgesprochen von einer Frau in einem Werbespot der achtziger Jahre für das Schmerzmittel Aspirin. In meiner Erinnerung ist die Frau schon etwas älter und sehr gepflegt, eine, so dachte ich damals als Kind, *feine* Frau, die sich selbst genauso unter Kontrolle hat wie ihre perfekt aufgeräumte Wohnung. Eben noch war sie von Kopfschmerz geplagt, hielt sich die Hand an die Schläfe, aber jetzt, während sie mit ihrer Verabredung telefoniert, klingt ihre Stimme ganz ruhig und klar, denn sie weiß, dass sie nur das Medikament einnehmen muss, und schon wird der Schmerz vergehen. Deutlich sehe ich noch ihre lackierten Nägel vor mir, sehe, wie sie die Tablette in ein Glas Wasser gleiten lässt; und bereits in der nächsten Einstellung, sie hat das Mittel offensichtlich getrunken, legt sie mit entspanntem Lächeln Perlenohrringe an, um kurz darauf einen Mann in akkuratem Anzug zu begrüßen.

Wenn ich die Werbung im Fernsehen sah, hatte ich jedes Mal das Gefühl, dass mit dieser Frau irgendetwas nicht stimmt, etwas, das mich abschreckte und faszinierte zugleich. Diese Kontrolliertheit! Diese beinahe unheimliche Verwandlung durch die Tablette! Wäre es nicht besser für die Frau gewesen, zu Hause zu bleiben? Was, wenn sie den Mann nur nicht enttäuschen will? Oder wenn sie gar seinetwegen Kopfschmerzen hat? Vielleicht, überlegte ich, mag sie den Mann eigentlich gar nicht! Gleichzeitig aber bewunderte ich die Frau für ihre Aufgeräumtheit und Ruhe. Sie ließ sich nicht durch irgendein Wehwehchen von ihren Plänen abbringen, war kein hysterisches Nervenbündel, das sofort alles infrage stellt, sich ärgert oder gar hasst für einen widerspenstigen Schmerz. ›Ich nehme jetzt eine Tablette, und dann geht es mir gleich wieder gut‹ – wie ließe sich zuversichtlicher, souveräner in einem Moment des Leidens über die Zukunft sprechen?

Die moderne Medizin hat unser Verhältnis zum Schmerz grundlegend verändert. Von Extremfällen abgesehen, ist der Schmerz kein Schicksal mehr, nichts, das ausgehalten oder hingenommen werden müsste, sondern eine Störung, die es möglichst schnell zu beheben gilt. Zwar haben die Menschen schon immer gegen den Schmerz gekämpft, mit Kräutern, Opiaten und bisweilen auch mit brutalen Methoden wie Schädelöffnungen und Hautritzungen, um die bösen Geister wieder aus dem Körper herauszulassen; aber erst mit der Einführung von Aspirin und Äthernarkose im 19. Jahrhundert begann ein Zeitalter, in dem der Schmerz immer gezielter und zuverlässiger beseitigt beziehungsweise vermieden werden konnte. Wer heute operiert wird, erlebt keine Tortur wie noch vor zweihundert Jahren, als chirurgische Eingriffe ohne Betäubung durchgeführt wurden; und dank schmerzstillender Mittel lassen sich in der Regel noch die hartnäckigsten Infekte, ja selbst schwere Verletzungen und fortgeschrittene Krebserkrankungen zumindest bis zu einem gewissen Punkt einigermaßen ertragen. Inzwischen gibt es Medikamente nicht nur gegen beinahe jeden organisch verursachten Schmerz, sondern auch gegen Depression,

Erschöpfung und Angst. Was in den achtziger Jahren Aspirin war, ist heute Fluoxetin, Metoprolol oder Duralozam: Nur schnell eine Tablette geschluckt, und schon fühlt sich die eben noch von Panikattacken geschüttelte Studentin, die ein Referat halten soll, so sicher wie Angela Merkel bei einer Bundestagsdebatte. »Die Fortschritte bei der Entwicklung von Schmerzmitteln haben die menschliche Erfahrung des Schmerzes verändert«, schreibt der Soziologe David le Breton in seinem Buch *Schmerz*. »Sobald der Patient weiß, daß der Schmerz durch die schlichte Einnahme eines Medikamentes beseitigt werden kann, schmilzt seine Bereitschaft, ihn zu ertragen, dahin. Der Schmerz wird als unnötiges und unfruchtbares Residuum betrachtet, das der Fortschritt beseitigen muß, ein furchtbarer Anachronismus, der zu verschwinden hat.«

Schmerzen peinigen, sie erscheinen uns überflüssig und unnütz, ja, lebensfeindlich. Zahnschmerzen, Kopfschmerzen, Regelschmerzen: Kann man darauf nicht getrost verzichten? Warum die Qualen einer Geburt ertragen, wenn es doch betäubende Rückenmarkinfusionen, die sogenannte Periduralanästhesie, gibt? Und weshalb tage- oder gar wochenlang mit einem Druck auf der Brust leben, wenn im Badezimmerschränkchen der Stimmungsaufheller steht? Schließlich will ich mein Leben genießen und mich nicht unnötig quälen! Zwar haben gerade Psychopharmaka enorme Nebenwirkungen, und auch eine PDA kann falsch gesetzt werden. Doch schon jetzt nehmen wir solche Risiken um der Schmerzfreiheit willen in Kauf, und es ist überdies durchaus denkbar, dass irgendwann auch die ersten Schmerzmittel ohne Nebenwirkungen auf den Markt kommen. Nur: Was für ein Menschenbild liegt eigentlich der Utopie absoluter Schmerzfreiheit zugrunde? Natürlich ist es ein Segen, dass Schmerzen heute gelindert werden können.

Niemand will und muss heute mehr eine Operation ohne Vollnarkose überstehen, die Möglichkeit, Schmerzen zu nehmen, kann Leben retten, und wenn es unweigerlich ans Sterben geht, ist eine palliative, das heißt schmerzlindernde Begleitung nachgerade ein Gebot der Humanität. Aber was unterscheidet den Menschen noch von einer Maschine, wenn sich *jedes* Leid wie auf Knopfdruck beseitigen lässt? Ist ein Leben ohne Schmerz überhaupt vorstellbar?

Ein Organismus, der überhaupt keinen Schmerz verspürte, würde mit seiner Umwelt verschmelzen. Nur durch den Schmerz erfahre ich mich als konturiert, nur durch ihn spüre ich, wann ich mir zu viel abverlange, sei es bei der Arbeit, in der Liebe oder beim Sport. Ich lerne, dass mein Körper nicht restlos verfügbar ist, dass er sich widersetzt und ich seinen Unwillen zu respektieren habe, wenn ich ihn nicht schädigen will.

»Der Schmerzkörper macht uns auf Grenzen aufmerksam«, so der Philosoph Volker Caysa. »Er signalisiert uns, dass wir uns zu überfordern, vielleicht sogar zu zerstören beginnen. Zur ›großen Gesundheit‹ (Nietzsche) des Körpers gehört auch die Fähigkeit zur Wahrnehmung und zum Erleiden von Schmerz. Denn nur durch dieses Erleidenkönnen ist garantiert, dass wir wahrnehmen, wann wir die Grenzen der Körperinstrumentalisierung des eigenen wie des anderen Körpers überschreiten und beginnen, unsere leibliche Autonomie zu zerstören. Schmerz und Leid sind also nicht einfach Anzeichen eines kranken Körpers, sondern Bedingungen der Möglichkeit von Körperkompetenz. Sie sind Selbsttechniken eines vernünftigen Körpergebrauchs und eines daraus resultierenden gelingenden Körperumgangs.« Nur wer auf seinen Schmerz hört, geht fürsorglich mit sich selbst um, gönnt sich Pausen und Rückzüge. Der Schmerz ist der Wächter über unsere Gesundheit, ein, wenn man so will, Schutzpatron, der durchaus in paternalistischer Manier die Grenze zieht: Bis hierher und nicht weiter!

Darüber hinaus liegt im Schmerz häufig auch eine Aufforderung, sich selbst zu befragen: Warum bekomme ich immer, wenn mein Liebhaber oder meine Mutter mich besucht, so fürchterliche Kopfschmerzen? Wieso fühle ich mich in letzter Zeit so matt und zerschlagen? Hat das wirklich nur somatische Ursachen oder nicht vielleicht doch auch psychische? Manchmal leiden Menschen unter schlimmsten chronischen Schmerzen, ohne dass ein organischer Befund vorläge. »Seit langem ist bekannt, dass sich bei einer großen Zahl von Schmerzpatienten keine oder keine ausreichenden organischen Veränderungen, die die Schmerzsymptomatik ausschließlich erklären könnten, finden lassen«, schreiben die Schmerztherapeuten Andreas Kopf und Rainer Sabatowski. Häufig seien Patienten mit seelischen Spannungen oder Affekten derart überfordert, dass sie diese stattdessen »in körperliche Spannungszustände verwandeln«. Und um herauszufinden, um welche seelischen Spannungen es sich handelt, sei eine langwierige Psychotherapie unumgänglich, denn mit bloßer Symptombekämpfung komme man in solchen Fällen nicht weiter. Auch psychisch bedingter Schmerz ist folglich nicht einfach nur peinigend, sondern gleichzeitig der einzige Weg zur Heilung: Den Schmerz ernst zu nehmen heißt, sich selbst ernst zu nehmen.

Heute aber sind wir immer weniger gewillt, die Widerspenstigkeit des Körpers zu akzeptieren: Er hat zu funktionieren und nicht zu rebellieren. Konzentrationsschwächen und Erschöpfungserscheinungen am Arbeitsplatz werden nicht mehr als Alarmsignal gedeutet, als ein Zeichen, dass der Körper sich ausruhen muss, sondern als Störung, die es möglichst effizient zu beheben gilt. Laut einer Umfrage der Deutschen Angestellten-Krankenkasse nehmen mittlerweile allein in Deutschland 800 000 Arbeitnehmer und Arbeitnehmerinnen regelmäßig Medikamente ein, um ihre Leistungsfähigkeit über das natürliche Maß hinaus zu steigern. »Am meisten werden Stimulanzien eingenommen, Medikamente, die zur Behandlung von Narkolepsie und ADHS entwickelt, geprüft und zugelassen sind«, sagt Jakob Hein, Oberarzt für Psychiatrie und Psychotherapie an der Berliner Charité. Modafinil, entwickelt für die seltene Schlafkrankheit Narkolepsie, und Ritalin, das bei einer Aufmerksamkeitsdefizitstörung (ADHS) verabreicht wird, gehören zu den begehrtesten Neuroenhancern. Und nicht nur vergleichsweise harmlose Erschöpfungserscheinungen, auch sogenannte Stimmungsschwankungen und Prüfungsängste – Euphemismen, hinter denen sich nicht selten ernst zu nehmende Depressionen und Angstzustände verbergen – werden heute immer häufiger mit Tabletten bekämpft: Warum erst eine langwierige Therapie beginnen, wenn doch übernächste Woche schon die Klausur ansteht und das Medikament binnen Minuten wirkt? Die Pharmaindustrie verdient ein Vermögen durch das sogenannte Hirndoping: Der weltweite Umsatz des US-Unternehmens Cephalon zum Beispiel hat sich seit der Jahrtausendwende verzehnfacht, weil sein Narkolepsiemedikament Virgil längst auch von Schichtarbeitern und jetlaggeplagten Wissenschaftlern eingenommen wird.

Der Körper wird dem Leistungsgedanken angepasst, zur Not auch pharmazeutisch. Ich muss so viel arbeiten, wie von mir gefordert wird oder ich selbst von mir fordere, das Gefühl für den eigenen Körper bleibt dabei auf der Strecke. Und apropos Strecke: Auch im Sport hat der Schmerz seine Warnfunktion mittlerweile in einem Maße eingebüßt, die besorgnis-

erregend ist. Zwar haben Menschen sich schon immer über-
anstrengt, um Weltrekorde zu brechen, aber noch nie war
das Doping so sehr Teil des Sports wie heute. Wer sich mit
anabolen Steroiden betäubt, spürt das Stechende des Schmerzes nicht mehr, sondern nur noch den unbändigen Wunsch zu
gewinnen; und auch so mancher Hobbyläufer lässt sich den
Belastungsschmerz im Knie lieber wegspritzen, als auf den
alljährlichen Marathonlauf zu verzichten.

Die Erfahrung von Schmerz, so viel ist also klar, ist entscheidend für mein Verhalten mir selbst gegenüber. Doch
auch für die Moral ist der Schmerz unabdingbar: Woher
wüsste ich, was anderen wehtut, wenn ich nicht selbst
wüsste, was Schmerzen sind? »Ein wirklich schmerzfreier
Körper wäre die Verwirklichung der Utopie des total leid-
freien Körpers«, schreibt Volker Caysa, »und das ist wohl
der unmenschlichste Körper, der sich sowohl an sich selbst
wie auch an anderen kein Leid vorstellen kann, der folglich
auch nicht mit-leiden kann und der demzufolge, weil er keine
Mindestvorstellung vom Schmerz hat, auch nicht weiß, was
er anderen an Leid zufügt.« Tatsächlich beruht unser tägli-
cher Umgang mit anderen Menschen ganz wesentlich auf der
Erfahrung von Schmerz. Nur wenn ich weiß, wie eine Verlet-
zung schmerzt, sei sie nun physisch oder psychisch, kann ich
mich in einem leidenden Menschen erkennen; und nur wenn
ich mit ihm mitzuleiden vermag, kann ich mich ihm gegenüber mitmenschlich verhalten. »Wie ist es nun aber möglich«, so fragte der Philosoph Arthur Schopenhauer, »daß
ein Leiden, welches nicht *meines* ist, nicht *mich* trifft, doch
ebenso unmittelbar, wie sonst nur mein eigenes, Motiv für
mich werden, mich zum Handeln bewegen soll? Wie gesagt,
nur dadurch, daß ich es, obgleich mir nur als ein Aeußeres,
bloß vermittelst der äußeren Anschauung oder Kunde gege-

ben, dennoch *mitempfinde*, es als *meines fühle*, und doch nicht *in mir*, sondern in *einem Andern*.« Man handelt moralisch nicht aus reiner Pflicht, meinte Schopenhauer (womit er sich entschieden gegen den Pflichtethiker Immanuel Kant wandte), sondern nur aus Neigung: Nur wenn ich selbst etwas als schmerzhaft erfahre, will ich es auch für andere nicht. Was du nicht willst, das man dir tu, das füg auch keinem andern zu, so besagt ja in der Tat die berühmte ›Goldene Regel‹ (die man häufig fälschlicherweise mit dem Kategorischen Imperativ Kants verwechselt, ein Imperativ, der jedes eigene Wollen bzw. Nichtwollen dem allgemeinen Gesetz unterwirft).

Auch evolutionsbiologisch lässt sich die Verbindung von Schmerz und Moral erklären. Bereits in Urzeiten haben Schmerzäußerungen empathisches Verhalten ausgelöst, und sie tun es noch heute: Wer vor Schmerz das Gesicht verzieht oder aufschreit, bekommt (in aller Regel) Aufmerksamkeit, Zuneigung, Hilfe. »Schmerzäußerungen erfüllen in einem sozialen Umfeld eine wichtige appellative Funktion, nämlich die Aufforderung, parentales Verhalten, also Empathie und Betreuung zu entwickeln«, so die Schmerztherapeuten Kopf und Sabatowski. »Die archaischen und universalen Methoden der Schmerzbekämpfung sind Zuwendung, Körperkontakt, Stützen, Massieren, Trösten und Gebete …«

Das Zeigen von Schmerz und Schwäche ist also immer auch ein Zeichen dafür, dass menschliche Nähe gebraucht wird; und tatsächlich existiert eine solche Nähe ja überhaupt nur da, wo Menschen sich einander als *verletzlich* offenbaren. Nur wenn ich mich in meiner Verwundbarkeit einem Gegenüber anvertraue, kann eine Beziehung entstehen, und nur wenn der andere von meiner Verletzlichkeit weiß, kann er sich entsprechend verhalten. »Zeige deine Wunde!«, hieß entsprechend eine Installation des Künstlers Joseph Beuys

in den siebziger Jahren, die den Menschen in seiner Anfällig-
keit und Sterblichkeit thematisierte: Die Installation erinnerte
vage an ein verdrecktes Krankenzimmer, Leichenbahren aus
der Pathologie. Vogelschädel, Fieberthermometer und mit
Fett gefüllte Behälter wiesen auf die Vergänglichkeit des
Menschen hin, stellten ihn als hinfälliges Wesen aus. Die
narzisstische Wunde des Menschen ist seine Verletzlichkeit,
seine Endlichkeit – und anstatt sie zu verleugnen gilt es,
offensiv mit ihr umzugehen, ja, zur Not sogar auf sie hinzuweisen wie Jesus in Caravaggios Gemälde *Der ungläubige Thomas*: Das Gemälde zeigt den Auferstandenen mit klaffender
Wunde in der Brust, zu der er einen Finger des neben ihm
stehenden Apostels Thomas führt. Thomas nämlich zweifelt
an der Leibhaftigkeit Jesu, und um ihn zu überzeugen, legt
Jesus den Finger in die Wunde.

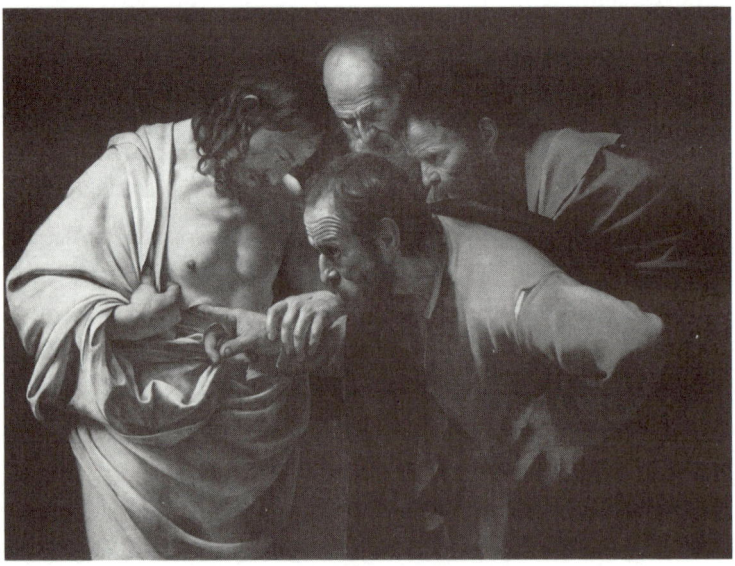

Der ungläubige Thomas (1602) VON MICHELANGELO MERISI
DA CARAVAGGIO

Dass ein Wundmal, dass ein *Stigma* allerdings durchaus auch schambesetzt ist und seine Offenbarung insofern immer Überwindung kostet, wird in Caravaggios Gemälde ebenso deutlich: Bei genauerem Hinsehen ist nämlich nicht mehr ganz klar, ob Jesus die Hand des Thomas wirklich zu seinem Körper hinführt oder ob er diese womöglich doch eher zurückhält. »Zieht seine rechte Hand das Gewand über die Wunde, um das Geschehen zu verbergen oder zieht sie das Gewand weg und lenkt den Blick so auf die Wunde hin?«, fragt die Kulturwissenschaftlerin Sophie Wennerscheid in ihrem Buch *Das Begehren nach der Wunde*. »Und schaut Thomas wirklich auf die von ihm begehrte Wunde oder starrt er nicht vielmehr in angestrengter Abwehr an ihr vorbei?«

Dies ist die zitternde Ambivalenz der Wunde: Auf der einen Seite macht sie uns überhaupt erst menschlich, auf der anderen Seite aber sind wir ständig bemüht, wunde Stellen zu kaschieren und zu verstecken, um uns unangreifbar zu machen. Nur: Was wäre, wenn das Wundmal der eigenen Existenz wirklich irgendwann verschwände? Ist ein Zustand, in dem die eigene Endlichkeit, die eigene Verletzlichkeit verleugnet wird, nicht selbst ein todesähnlicher Zustand? Wer keinen Schmerz empfindet, hat keine Fragen, keine Bedürfnisse, kein Verlangen mehr. »Die Wunde offen zu halten kann ja auch gesund sein«, schrieb der dänische Philosoph Søren Kierkegaard im 19. Jahrhundert: »eine gesunde und offene Wunde; manchmal ist es am Schlimmsten, wenn sie zuwächst.« Nur wenn die Wunde offen bleibt, hat der Mensch einen Seinsgrund; sobald sie sich schließt, erstirbt alles Wünschen und Wollen.

Und mit der Wunde ist noch mehr verbunden: nämlich, so absurd das zunächst klingen mag, das Genießen. »[D]ie Wunde ist in ihrer obszön klaffenden Form, in ihrer fleischlichen Beschaffenheit und in ihrer dunkelrot glänzenden Farbe dasjenige am menschlichen Körper, das unser Begehren als etwas weckt, von dem wir meinen, es uns verbieten zu müssen«, schreibt Sophie Wennerscheid. »An ihr wird, stärker als an anderen tabuisierten Orten sichtbar, dass sich jegliches Begehren am Nichtberührbaren und Unbegreifbaren entzündet.« In ihrer ›obszön klaffenden Form‹, ihrer ›dunkelrot glänzenden Farbe‹ und ihrer ›fleischlichen Beschaffenheit‹ wecke die Wunde das Begehren, so Wennerscheid. Erinnert diese Beschreibung nicht an das weibliche Geschlecht? An die obszön klaffende, dunkelrote, fleischliche Vulva? Wer sich an seiner Wunde berühren lässt oder sich dort selbst berührt, verschafft sich Lust. Das mag sich paradox anhören, wird aber verständlich, wenn man sich vergegenwärtigt, wie eng die Lust mit dem Schmerz zusammenhängt. Ein Mensch, der zum Orgasmus gelangt, verzieht sein Gesicht, als erleide er gerade schreckliche Schmerzen; in Wahrheit aber befindet er sich auf dem Höhepunkt seiner Lust. Was wir im Augenblick der Ekstase genießen, ist eine Gefühlsintensität, ja, ein Taumel, in dem Schmerz und Lust zusammenfallen. Körpersäfte fließen, Sperma, Schweiß, vielleicht sogar Blut, eine Spannung, die sich im Körperinneren aufgestaut hat, entlädt sich, dringt durch die Körperöffnungen nach außen, kurz: der genießende Mensch verströmt sich, er stirbt einen ›kleinen Tod‹. Entsprechend ist die geöffnete Wunde für den Philosophen Georges Bataille das Sinnbild des Genießens: »Das wirkliche Glück empfinden wir nur«, schreibt er, »wenn wir nutzlos verschwenden, so als ob sich in uns eine Wunde öffnete: wir wollen stets der Nutzlosigkeit unserer Verschwendung gewiß sein, manchmal auch ihrer Verderblichkeit. Wir wollen uns so weit wie möglich von jener Welt entfernt wissen, in der Anhäufung der Mittel die Regel ist.«

140

Wie eng Lust und Schmerz zusammengehören, zeigt sich besonders eindrücklich dann, wenn der Mensch sich selbst Wunden zufügt. In seinem Buch *Confessions of a Knife* erzählt der Arzt Richard Selzer die folgende Geschichte: Als er eines Tages in das Zimmer einer frisch operierten Patientin tritt, erwischt er sie mit einem Rasiermesser in der Hand: Sie hat sich den Unterleib aufgeschnitten und wühlt mit ihren Händen in der Wunde. Nachdem sie vom Arzt abermals notoperiert wurde, fragt sie ihn:»Das hätte doch eigentlich schrecklich weh tun müssen, oder? Also wenn das wirklich mein Körper gewesen wäre, hätte es doch weh tun müssen. Aber ich spürte überhaupt nichts!« Da begreift Selzer, was die Patientin in ihrem Innern gesucht hat: ihren abhandengekommenen Schmerz. Oder ihre abhandengekommene Lust?

Wenn der Mensch keinen Zugang mehr hat zu seinen eigenen Gefühlen, beginnt er, sich selbst zu traktieren: denn ein blutiger Körper, der sich selbst wieder spürt, ist allemal besser als der emotionale Tod. Doch nicht nur in pathologischen Fällen wie diesem, auch in kulturell etablierten und anerkannten Techniken verschaffen wir uns heute in einem immer stärkeren Maße durch Schmerzzufügung Lust. Ob Extremsport, Lippenpiercing oder Ganzkörpertätowierung: Es scheint, als *sehnten* wir uns heute regelrecht nach dem Schmerz – und das ausgerechnet in einer Zeit, die doch zugleich von absoluter Schmerzfreiheit träumt! Oder ist die Zunahme an selbstverletzendem Verhalten womöglich nur die Kehrseite dieses Traums? »Je mehr Leiden künstlich beseitigt werden, umso mehr Schmerzen müssen ebenso künstlich geschaffen werden«, meint der Philosoph Arndt Pollmann. »Lieber ein gewaltsames Traktieren der eigenen Hülle sowie ein Leben hart an der eigenen Grenze als die gefühlskalte Formlosigkeit einer hochtechnologisierten Welt, in der das eigene Leben – ganz ohne Schmerzen – keine deutlichen Konturen mehr gewinnen kann.« Die Lust am Schmerz hat demnach durchaus nicht nur individuelle Gründe, sondern auch kulturelle: In einer Zeit, in der jedes Schmerzgefühl getilgt wird, muss der Mensch sich offensichtlich selbst Schmerz respektive Lust verschaffen, um sich seiner Körpergrenzen überhaupt noch versichern zu können. Tatsächlich wird der Schmerz ja nicht nur durch die Medizin sukzessive zum Verschwinden gebracht, sondern auch durch die Technik. Vorbei die Zeit, in der man sich körperlich anstrengen musste, um den Tag zu bewältigen: Heute steigen wir morgens ins Auto, im Büro setzen wir uns an den Computer und erledigen alles bequem per Mausklick. »Körperorientierte Aktionen vermitteln das knappe Gefühl, in beschleunigten und abstrakten Gesellschaften noch anwesend zu sein«, schreibt der Sportwissenschaftler Karl-Heinrich Bette. Und die Psychoanalytikerin Benigna Gerisch meint: »Körpermanipulationen gleich welcher Art, ob durch Fitness oder blutige Selbstbeschädigung, tragen dann dazu bei, sich selbst wieder konturiert, begrenzt und lebendig zu fühlen, und nähren die Illusion, angesichts von außen oder innen kommender identitätsauflösender Bedrohungen wieder Herr im eigenen Körper zu sein. Nur auf dieser Basis … ist das klinisch evidente Phänomen zu verstehen, dass Selbstzerstörung – im Sinne der Desintegrationsabwehr – der Selbstfürsorge dienen kann.« Im Schmerz zieht sich der Mensch in sich selbst zurück, er ›besinnt sich‹ seiner Existenz, wobei das Besinnen eben keinen geistigen, sondern tatsächlich einen *sinnlichen* Akt bezeichnet: Ich leide, also bin ich. Nur wenn ich mir die Lunge aus dem Leib renne, erlange ich ein untrügliches Körpergefühl; und nur wenn ich mir in die Haut ritze oder sie mit einem Ring durchsteche, spüre ich meine Grenze. Es gibt, schrieb der Philosoph und Pornograph Marquis de Sade am Ende des 18. Jahrhunderts, »keine einschneidendere Empfindung als den Schmerz: seine Anzeichen sind unzweideutig; sie täuschen uns niemals ...«

Schmerzen zu erfahren bedeutet, Wirklichkeit zu erfahren. Schon unser erster Kontakt mit der Welt war ein Schmerz, der Schmerz des Geborenwerdens. Erst die Enge des Geburtskanals, dann plötzlich Kälte, Lärm und grelles Licht: Der Beginn der eigenen Existenz ist, wenn man so will, ein Schock, der die Lebensgeister weckt und das kleine Wesen in eine neue, gänzlich andere Form des Seins überführt. Und auch die Gebärende empfindet einen Schmerz, der gerade in seiner ungeheuren Intensität auf die Einzigartigkeit und Besonderheit des Ereignisses verweist: Ein Kind kommt zur Welt. Durch die Geburt trennt es sich von der Mutter, der Schmerz ist also immer auch, im wahrsten Sinne des Wortes, ein Trennungsschmerz. Werden die Schmerzen durch eine Periduralanästhesie genommen, kommt es mitunter zu Komplikationen bei der Geburt, etwa, weil die Frauen aufgrund des Taubheitsgefühls nicht mehr richtig mitarbeiten können; und darüber hinaus haben manche Mütter hinterher das Gefühl, die Geburt nicht wirklich erlebt, nicht wirklich vollzogen zu haben. In seiner Kulturgeschichte des Schmerzes berichtet David le Breton von einer Frau, der man während der Geburt ihres Kindes eine Rückenmarkspritze gegen die Schmerzen verabreicht hatte. Die Frau, mittlerweile in Frankreich lebend, stammte aus einem Dorf in Benin. Am Tag nach der Geburt weigerte sie sich aufzustehen, blieb in gekrümmter Haltung liegen und erklärte, dass sie »Schmerzen an ihrer Anästhesie« habe. Später erzählte sie von den Entbindungen in ihrem Dorf, die sie miterlebt hatte, berichtete von den Schmerzen, mit denen das Kindgebären verbunden war, bei ihrer Mutter genauso wie bei ihren Tanten. »Durch die bei der Entbindung angewandte Peridualanästhesie war das Gefühl der Zugehörigkeit zu ihrer Mutter und zu den anderen Frauen ihrer Gemeinschaft durchtrennt worden«, schreibt le Breton. »Durch das Austragen eines eingebildeten Schmerzes findet die Frau in den Zusammenhalt ihrer eigenen Welt zurück und vollzieht die Geburt ihres Kindes im Einklang mit ihren Ursprüngen. Die Narkose enthält ihr einen wichtigen Bezugspunkt vor, nimmt der Erfahrung ihre Wirklichkeit und ihren inneren Wert und verhindert ihre Integration in die kollektive Geschichte. Eine individuelle symbolische Handlung, worin der Schmerz zeichenhaften Wert erhielt, stellt den Bezug zur Vergangenheit wieder her und besiegt die Bedrohung des Identitätsgefühls.«

Nun ist unsere hoch entwickelte Kultur natürlich kein afrikanisches Dorf, und man muss sagen, zum Glück, denn die Möglichkeiten der modernen Medizin, inklusive der Anästhesie, können lebensrettend sein, auch bei der Geburt. Wenn aber eine Geburt ganz normal verläuft, bedeutet eine Rückenmarkspritze nie nur einen Gewinn (nämlich die Abwesenheit von Schmerz), sondern immer auch einen Verlust: Die Geburt verliert ihre Außerordentlichkeit und auch ihre Symbolkraft, je mehr man sie technisiert. Mittlerweile sehen manche Eltern in der westlichen Welt der Geburt ihres Kindes wie einem profanen körperlichen Eingriff entgegen. Weil sie den Geburtstermin planen wollen und die Frau die Schmerzen sowie mögliche körperliche Spätfolgen einer natürlichen Geburt vermeiden will, entscheiden sich Paare von vornherein für einen sogenannten Wunschkaiserschnitt: Ohne medizinische Indikation wird die Frau regional oder allgemein betäubt, das Kind wird aus dem Bauch geholt, die Frau anschließend wieder zugenäht. Bis in die Neuzeit hinein wurde der Kaiserschnitt nur an toten Frauen ausgeführt, um das Kind möglicherweise noch zu retten, und bis vor einigen Jahren wurde er ausschließlich in medizinisch indizierten Notfällen angewandt.

Der Wunsch nach Schmerzfreiheit erfasst heute also zunehmend auch jene Bereiche des Lebens, die mit Krankheit überhaupt nichts zu tun haben. Dass es aber ohne Schmerz letztlich kein Glück geben kann, wusste bereits Friedrich Nietzsche. »Feinere Sinne und einen feineren Geschmack«, schrieb er, könne der Mensch nur haben, wenn er leidensfähig ist und sich der Gefahr des Verletztwerdens aussetzt. »Die Fülle der Arten des Leids fällt wie ein unendlicher Schneewirbel auf einen solchen Menschen, wie ebenfalls an ihm die stärksten Blitze sich entladen. Allein unter dieser Bedingung, von allen Seiten und bis ins Tiefste hinein dem Schmerze immer offen zu stehen, kann er den feinsten und höchsten Arten des Glücks offen stehen.« Wer den Schmerz um jeden Preis vermeiden will, lebt wie in Watte gehüllt und erlebt die Welt nur gedämpft. Der leidensfähige Mensch hingegen ist so angreifbar wie ein Mensch im Gewitter auf freiem Feld: Jeden Moment kann der Schmerz wie ein Blitz einschlagen, und genau dieser Offenheit, dieser Ausgesetztheit an den Schmerz bedarf es, um die höchsten Arten des Glücks, die Ekstase (griech: ›aus sich heraustreten‹), zu empfangen. Lust, Begierde; Liebe, Sehnsucht; der Reiz alles Fremden: Nichts von alldem kann erfahren, wer nicht auch dem Schmerz offensteht.

Was die Frau aus der Aspirin-Werbung wohl zu Nietzsches Satz gesagt hätte? Diese feine Frau in ihrer akkuraten Wohnung mit ihrem perfekten Mann? Vermutlich nur dies: »Ich nehme jetzt eine Tablette, und dann geht es mir gleich wieder gut.«

Narziss' neue Nase

Das Heilsversprechen des perfekten Körpers

»Während des Trinkens liebt er berückt von dem Reiz des
   erschauten
Bilds einen leiblosen Wahn, was Welle ist, hält er für Körper,
Staunt sich selber an; und reglos bleibt mit gebanntem
Blick wie ein Standbild er starr, das aus parischem Marmor gehauen.«

So heißt es in Ovids *Metamorphosen* über den tragischen Helden
Narziss. Gebeugt über eine Quelle verzehrt sich der schöne
Jüngling nach seinem perfekten Alter Ego, aber sosehr er es
auch begehrt, er vermag es nicht zu erreichen, da es nur als
›Welle‹, als virtuelle Oberfläche existiert. Aus lauter Verzweiflung über seine ungestillte Sehnsucht geißelt sich Narziss zu
Tode, sein Leib verschwindet und alles, was von ihm bleibt,
ist eine Blume. Woran Narziss im antiken Mythos so kläglich
scheitert, das scheint uns heute in einem immer stärkeren
Maße zu gelingen: Mittels der Schönheitschirurgie wollen wir
uns mit unserem idealen Körperbild vereinen, wir wollen uns
identisch fühlen mit uns selbst, wollen ohne Makel sein, ohne
Fehl und ohne die Spuren des Alters. Allein in Deutschland
lassen sich jährlich eine halbe Million Frauen und Männer
aus kosmetischen Gründen operieren, die Zahl ästhetischer
Eingriffe wie etwa Fettabsaugen, Nasenoperationen, Scham-
lippenveränderungen oder Brustvergrößerungen steigt stetig,

und der Faltenkiller Botox erzielt weltweit Rekordumsätze.
Ein schichtenspezifisches Phänomen sind derartige Eingriffe
längst nicht mehr: »Schönheitschirurgie ist eine Zivilisations-
erscheinung wie das Internet«, meint Werner Mang, einer der
berühmtesten deutschen Schönheitschirurgen; seine Haupt-
kundin sei die Hausfrau von nebenan, die sich ein Facelifting
gönnt und dafür auf den Urlaub verzichtet.

Die Zeit, in der man frank und frei über zurechtgeschnittene
Gesichter und vergrößerte Brüste polemisieren konnte, ist offensichtlich vorbei. Angezeigt ist eher, die kategorische Ablehnung
schönheitschirurgischer Maßnahmen zu hinterfragen: Handelt
es sich womöglich nur um kruden Kulturkonservatismus? Was
ist eigentlich so schlimm daran, den Traum vom Idealkörper zu
träumen, wenn er doch in greifbare Nähe rückt? »Glücklich ist
derjenige, welcher sein Dasein seinem besonderen Charakter,
Wollen und Willkür angemessen hat und so in seinem Dasein
sich selbst genießt«, so behauptet Hegel in seiner *Vorlesung über
die Geschichte der Philosophie*. Ist es insofern nicht begrüßenswert,
ja, ein Segen, dass wir auch unseren Körper endlich nicht mehr
einfach nur hinnehmen müssen wie eine Naturnotwendigkeit,
sondern ihn unserem Charakter, unserem Wollen, ja unserer
Willkür »anmessen« können? Verurteilen wir die modernen
Mühen des Schönseinwollens womöglich nur deshalb, weil
es, wie etwa die Journalistin Birgit Schmid meint, *technischere
und effektivere* Mühen sind als früher? »Obwohl im Detail oder
großumfänglich jede und jeder Hand an sich legt, um sich zu
verschönern: Spätestens beim Wie und Wieviel wissen alle,
was richtig und falsch ist. Man verurteilt es – wenn nicht offen,
dann insgeheim –, sollte jemand größeren ästhetischen Aufwand betreiben. [...] Es ist moralisch besser, Körbchengröße
AA oder eine Knolle im Gesicht zu haben als Brüste wie Katie
Price oder eine Nase wie Michael Jackson.«

Beruht die Empörung über die Künstlichkeit moderner Schönheit also gar nicht auf Argumenten, sondern auf reiner Ideologie? Was ist dagegen einzuwenden, wenn Menschen sich für eine neue Nase entscheiden, weil sie unter der alten gelitten haben? Ist es nicht besser und vor allem glücksversprechender, sich einmal unters Messer zu legen, als jeden Morgen aufs Neue missmutig in den Spiegel zu schauen? Anstatt ein Leben lang unter abstehenden Ohren zu leiden, nimmt der moderne Mensch sein Schicksal selbst in die Hand, ein Besuch beim Schönheitschirurgen, und schon ist der Missmut von gestern. Das ergibt durchaus auch evolutionsbiologisch Sinn, denn schließlich ist die Schönheit selbst im Tierreich eine Überlebenstechnik: Was für den Pfau das Rad, ist für den Menschen der perfekte Körper, wer schön ist, findet einfacher einen sexuellen Partner und sichert so den Fortbestand der Gattung. Für die heutige Zeit gilt dies umso mehr, denn immerhin wird die Partnerwahl längst nicht mehr durch Traditionen vorgegeben, sondern hängt maßgeblich von der Attraktivität ab: »Die ›Mode‹, diejenige der Kleidung und diejenige des Körpers selbst, beerbt die traditionellen Codes für Partnerpräferenzen (Religion, Familie, Stand usw.)«, wie der Literaturwissenschaftler Winfried Menninghaus erklärt. »In einer Welt, die zunehmend alle sozialen Rahmungen verzehrt, stehen die ›obdachlosen‹ Individuen nur noch als abstrakte einzelne Körper da – und suchen und finden eine Art Religionsersatz am Sosein des Körpers selbst. Diese Entwicklung kann als Rückkehr in die Zeiten tierischer Schönheitswahl gedeutet werden, als überraschender Kurzschluss von hochkultureller Moderne und archaischen Zeiten.«

Zwar hat ein fitnessgestählter oder schönheitsoperierter Körper mit evolutionsbiologischer Natürlichkeit nichts mehr zu tun – aber ist die menschliche Schönheit im Unterschied zur tierischen nicht seit jeher künstlich? Und wird sie nicht auch seit jeher mit größtem Aufwand betrieben? ›Wer schön sein will, muss leiden‹, heißt es – und dieses Sprichwort gilt offensichtlich nicht erst seit Erfindung der Schönheitschirurgie. Tatsächlich hat es ja in jeder Epoche bestimmte Schönheitsideale gegeben, Ideale, die man genau wie heute um jeden Preis erfüllen wollte und die nur zu erfüllen waren, wenn man wie auch immer geartete Eingriffe am Körper vornahm. »Die Sehnsucht, attraktiv zu sein und gemäß dem jeweiligen Ideal perfekt auszusehen, der Wunsch, hängende Mundwinkel anzuheben, fehlende Brüste existent zu machen, lässt sich nicht als ›Zeitgeist‹ abtun«, so Birgit Schmid. »Der Mensch formt und stylt sich seit je. … Nicht zufällig ist ›Kosmetik‹, die Kunst des Schmückens, ein altgriechisches Wort und bedeutet, dass man dank der Schönheitspflege in Einklang mit sich und der Welt lebt. Der Körper wird geschmückt, gefärbt, zurückgestutzt, abgeschuppt, gedehnt, geritzt – in jeder Kultur, zu allen Zeiten.«

Nun mag man einwenden, dass es doch durchaus etwas anderes ist, ob man sich, sagen wir, Falten überpudert oder mit Botox aufspritzen lässt. Und zwar schon allein deshalb, weil das Überpudern ungefährlich, das Aufspritzen hingegen mit erheblichen Risiken verbunden ist. Botox ist eigentlich ein Medikament gegen Muskelkrämpfe und zählt zu den giftigsten Substanzen überhaupt. Zwei Kilogramm des hochpotenten Nervengiftes reichen angeblich aus, um die gesamte Menschheit zu töten, und wenn das Mittel falsch oder in einer zu hohen Dosis injiziert wird, kommt es zu Atem- und Schluckbeschwerden sowie zu einer Erschlaffung der Gesichtszüge. Aber wer wollte behaupten, dass nicht auch die Menschen früherer Epochen mitunter auf brutalste Weise in den Körper eingegriffen hätten? Bereits die Römerinnen, so berichtet Birgit Schmid in ihrem Artikel *Schnitt für Schnitt*, träufelten sich Tollkirschsaft in die Augen, um große und glänzende Pupillen zu haben. Und im 16. Jahrhundert schrieb der französische Philosoph Michel de Montaigne: »Was vermögen die Frauen nicht alles! Welches Mittel könnte ihnen je Furcht einflößen, wenn sie sich davon auch nur die geringste Aufbesserung ihrer Schönheit erhoffen: Fürs neue Antlitz schaben sie sich die Haut ab und reißen die Haare eifrig bis zur Wurzel aus, die längst schon weißen. Ich habe einige gesehen, die Sand und Asche verschlungen und alle Anstrengungen unternommen haben, sich den Magen zu verderben, um eine blasse Gesichtsfarbe zu bekommen. Und welche Höllenqualen nehmen sie nicht auf sich, um sich nach der spanischen Mode eine Wespentaille zu geben, geschnürt und eingezwängt, mit großen, tief ins Fleisch schneidenden Keilen an den Seiten, so daß manche schon daran gestorben sind!«

Und was ist mit den Lotusfüßen in China, die dort jahrhundertelang als weibliches Schönheitsideal galten? Man brach den Frauen das Fußgewölbe und band dann die Füße fest ein, um ihr Wachstum zu verhindern. Gefragt wurden die Frauen natürlich nicht, genauso wenig wie die Padaung-Frauen in Burma, denen man noch heute mit Messingspiralen den Hals so extrem verlängert, dass sie ihn selbstständig gar nicht mehr halten könnten. Der lange Hals ist beim Volk der Padaung nicht nur ein weibliches Schönheitsideal, sondern zeigt traditionell auch die Stellung der Trägerin im Dorf an. Aber wird der Eingriff dadurch respektabler? Ist ein Eingriff im Dienste einer Tradition etwa moralisch gerechtfertigter als ein Eingriff in den Körper *ohne* Tradition? Ja, sind die Eingriffe, die wir in westlichen Kulturen um der Schönheit willen vornehmen, im Vergleich zu jenen in traditionellen

Kulturen nicht nachgerade human? Auf der Südseeinsel
Samoa zum Beispiel werden jungen Männern noch heute
im Zuge eines Übergangsrituals vom Knie bis zur Hüfte
dicht an dicht Zeichen in die Haut geritzt, und das unter den
größten Qualen und mit immensem Blutverlust. Auf Neuguinea, wo man Krokodile verehrt, weil sie dem dortigen Glauben zufolge der Ursprung des Lebens sind, wird sechzehn
Jahre alten Jungen mit einem Rasiermesser das Schuppen-
panzermuster der heiligen Tiere in die Haut geritzt; bis zu
2000 Schnitte sind dazu nötig. Und bei den brasilianischen
Kayapó-Indianern sticht man einem neugeborenen Jungen
schon nach wenigen Tagen ein Loch in die Unterlippe. Mit
den Jahren wird das Loch vergrößert, und wenn der Junge
das Heiratsalter erreicht hat, setzt man ihm eine sogenannte
Lippenscheibe ein, die so groß ist wie eine Untertasse und
die Redekunst ihres Trägers symbolisieren soll. Was ist dagegen eine kleine Lippenkorrektur beim Schönheitschirurgen?
Ist es im Vergleich zu den Ritualen in traditionellen Gemein-
schaften nicht geradezu lächerlich, dass wir hierzulande von
einem Körper*kult* sprechen? Und zwar nicht nur, weil die
Eingriffe vergleichsweise harmlos sind, sondern auch, weil
wir uns immerhin entscheiden können, ob wir sie vornehmen lassen wollen oder auch nicht?

In der Tat: Niemand zwingt uns, dass wir uns um der
Schönheit willen unters Messer legen. Ja, wir sind heute so
frei wie nie zuvor in der Geschichte der Menschheit. Nicht nur
sind wir frei, uns für oder gegen einen Eingriff zu entscheiden,
es ist uns auch quer durch alle Gesellschaftsschichten möglich,
uns *den* Körper zu geben, den wir haben wollen. Während sich
früher nur die oberen Schichten ins Mieder zwängten, haben
wir es heute mit einer weitgehenden Demokratisierung der
Schönheit zu tun: Flatrate-Fitness, Shoppen, Wellness, Sonnen-

studio, Schönheitschirurgie – noch nie gab es so viele und so effektive Möglichkeiten, den eigenen Körper zu trimmen, zu formen, zu schmücken, zu pflegen.

Doch genau diese Freiheit ist äußerst zweischneidig. Gerade weil ich so frei bin, ›alles aus mir zu machen‹, bin ich ständig in Gefahr, im Selbsthass unterzugehen. »Der mitunter geradezu monströs anmutende Umbau des menschlichen Körpers durch Schönheitschirurgie«, so die Philosophen Johann S. Ach und Arnd Pollmann, »weckt nicht zuletzt den Verdacht, dass man es mittlerweile mit einer *Dialektik der Selbstvervollkommnung* zu tun hat: Das menschliche Streben nach Selbstperfektion schlägt mehr und mehr in Selbstzerstörung um.« Diese Dialektik gilt es im Folgenden zu durchdringen, eine Dialektik, die sträflich ausgeblendet wird, wenn man in der Zunahme an Möglichkeiten lediglich das Positive, nämlich die Seite des Fortschritts sieht. Was heißt es, dass heute jeder Mensch schön sein kann? Und zwar *so* schön, wie er will?

Die Möglichkeit, schön zu sein, stellt eine Verlockung dar, der kaum jemand wiederstehen kann. Das Glücksversprechen, das mit der Schönheit, respektive das Unglück, das mit Hässlichkeit verbunden ist, bringt nahezu *jeden* Menschen dazu, morgens kritisch in den Spiegel zu schauen und zu überlegen, wie sich das eigene Aussehen verschönern lässt. Die längste Zeit der Menschheitsgeschichte aber hatte die Verschönerung Grenzen: Man kam mit einem bestimmten Gesicht, mit einem bestimmten Körper zur Welt, und das war die Grundlage für alle Unternehmungen, das eigene Erscheinungsbild zu verbessern beziehungsweise, was etwas anderes ist, ihm einen unverwechselbaren *Stil* zu verleihen. Wenn aber nun der Mensch seiner Erscheinung alleiniger Schmied ist, die Grenze der Faktizität mithin nicht mehr existiert und er seinen Körper der eigenen Willkür anmessen kann – woher weiß er,

wann er genug geschmiedet, wann er genug angemessen hat?
Gibt es überhaupt ein ›Genug‹ angesichts der Möglichkeiten,
die zur Verfügung stehen? Ich kann immer noch ein Gramm
abnehmen, immer noch eine Bauchfalte straffen, immer noch
mehr konsumieren, und ich bin doch nie so schön, wie ich
sein *könnte*. »Unser Problem ist nicht, dass wir zum Schön-
sein versklavt werden«, schreibt Christiane Zschirnt in ihrem
Buch *Wir sind schön*. »Unser Problem ist eher: Wir stehen vor
grenzenloser Freiheit. Wir blicken auf ein Meer von Möglichkeiten. Jede neue Creme, jede neue Jeans ist ein Versprechen:
Das könntest auch du sein. Auch du könntest jung wirken,
sexy Schuhe tragen, blonde Haare haben, dünn sein, größere
Brüste haben, weiblicher wirken, reich aussehen. Du musst
nicht so aussehen, wie du aussiehst! Du kannst dies sein! Du
kannst das sein! Du musst dich nur entscheiden: kauf mich!
Und handle jetzt: Investiere etwas mehr Zeit in deine Haare!
Denke an deine Falten! Vergiss deine Problemzonen nicht!«

In der Konsumkultur ist die Schönheit ein kategorischer
Imperativ: Sei schön! Von diesem Imperativ werden wir
im Spätkapitalismus regelrecht bedrängt, denn schließlich
lebt diese Gesellschaftsform ganz maßgeblich davon, dass
wir uns nie schön genug fühlen. 120 Milliarden Euro setzt
die Schönheitsindustrie jährlich um, und weil nichts ertrag-
reicher ist als ein gestörtes Selbstverhältnis, sehen wir uns
ständig mit virtueller Perfektion konfrontiert. Der Mensch
des 17., 18. und 19. Jahrhunderts lebte noch nicht in einer
Welt der Bilder, die überall das zu erreichende Optimum vor
Augen führen; ja, selbst im 20. Jahrhundert ließ sich kaum
ahnen, welche Möglichkeiten der Bild*verbreitung* und vor
allem auch der Bild*bearbeitung* heute existieren. Nicht einen
Pickel, nicht eine Falte haben die Models in den Magazinen,
weil die Bilder mit technischen Mitteln retuschiert wurden.

Die Perfektion dieser Bilder stellt eine ständige Verheißung dar, die das konsumistische Begehren in Gang halten soll und gleichzeitig, gerade weil sie sich nie erfüllen kann, das eigene Minderwertigkeitsgefühl umso fester installiert. Die Publizistin Michaela Haas schrieb im Juli 2009 in einer Ausgabe des SZ-Magazins, das dem Thema Körperkult gewidmet war: »Das ist vielleicht das grundlegende Paradox des modernen Körperhasses. Es ähnelt zunehmend dem Rennen zwischen Hase und Igel: Mit jeder neuen Methode, einen echten Körper zu formen, zu operieren oder zu verändern, hat die Bildbearbeitungstechnik schon wieder neue Wege gefunden, prominente Gesichter noch schöner, noch glamouröser, noch übermenschlicher zu gestalten. Der eigene Körper wird zum Feind, weil er sich nicht so stark formen lässt, wie wir es von ihm fordern. Und die Schuld daran suchen wir bei uns.« *Völlig verkrampft*, so lautete der Titel des SZ-Magazins, und auf dem Cover zu sehen war ein Knäuel verkeilter Arme: Der moderne Mensch im verzweifelten Kampf mit sich selbst, weil das Imaginäre, das er ersehnt, unerreichbar bleiben muss. Erinnert das nicht an den Mythos des Narziss? An Narziss, wie er, gebeugt über eine spiegelnde Wasseroberfläche, verzweifelt sein perfektes, virtuelles Alter Ego zu umschlingen versucht und sich, da sein Unterfangen aussichtslos ist, selbst zu geißeln beginnt?

Tatsächlich scheint es, als hätten wir eben jene Sehnsucht, die Narziss in den Wahnsinn trieb, regelrecht zum gesellschaftlichen Prinzip erhoben. Indem wir unentwegt am eigenen Körper herumarbeiten, hoffen wir, das quälende Begehren endlich stillzustellen. Wir müssen uns nur mit der virtuellen Perfektion vereinen, die uns da allenthalben vor die Nase gehalten wird! Wir müssen nur endlich so aussehen wie Madonna oder Angelina Jolie!

154

Aber einmal angenommen, das wäre möglich. Eines Tages sähen wir tatsächlich genauso aus wie Lara Croft. Würden wir dann glücklich und zufrieden ablassen von unserem Wunsch, immer noch schöner und noch schöner auszusehen? Mitnichten, meint die Psychoanalytikerin Christa Rohde-Dachser: »In dem Maße, in dem der Mensch sich selbst mit seinem Schöpfer identifiziert, wächst ihm auch die Macht zu, seinen Körper nach seinem eigenen Wunsch zu formen. Der phantasierte Idealkörper wird dann zu einem erkorenen Objekt, das die Erfüllung des Begehrens verspricht, je ähnlicher man ihm wird … Auf diesem Weg gibt es kein Erbarmen, auch nicht gegenüber dem eigenen Körper, dessen Schmerzen in Kauf genommen werden, weil sie der phantasmatische Preis sind, der dafür gezahlt werden muss. Weil dieses Ziel aber außerhalb des Möglichen liegt, kann es auch durch eine Schönheitsoperation, welcher Art auch immer, nicht dauerhaft erreicht werden.«

Sosehr wir auch an uns herumschneiden lassen: Wir werden nie eins mit uns sein. Das Begehren nach dem perfekten Körper kennt kein Ende, weil dieser genauso unerreichbar ist wie das Antlitz, das Narziss in der Quelle erblickt. Dennoch ist es eben diese zutiefst selbstzerstörerische narzisstische Phantasie des Idealkörpers, die in unserer Gesellschaft ununterbrochen genährt wird. Jedes dritte Mädchen hat mittlerweile Essstörungen, 40 Prozent aller Mädchen zwischen sechs und 16 Jahren würden sich Fett absaugen lassen, wenn sie könnten, jeder hundertste Deutsche ist fitnesssüchtig, in den USA sind es angeblich noch viel mehr, und dass auch die Chirurgie zur Sucht werden kann, hat sich am jüngst verstorbenen King of Pop eindrücklich gezeigt: Alle zwei Monate unterzog sich Michael Jackson zeitweise den unterschiedlichsten Operationen, an Nase, Kinn, Wangen, Augen, immer wieder ließ er seine Haut aufhellen, bis er zuletzt nur noch eine Fratze war, eine traurige Parodie seiner selbst. Diese gesellschaftlich geförderte, ja geradezu *geforderte* Autoaggressivität relativiert das Argument, dass uns in unserer aufgeklärten Gesellschaft immerhin niemand zu körperlichen Leiden zwinge, ganz entschieden. Es stimmt zwar, dass mich kein Mensch zwingt; aber *ich* zwinge mich, und das ist im Grunde viel schlimmer. Ja, wenn man unser modernes Verhältnis zum Körper vor dem Hintergrund der grassierenden Süchte betrachtet, dann sind wir im Grunde sogar unfreier als die Menschen in traditionellen Kulturen. Natürlich kann sich der Junge auf Neuguinea nicht gegen die Schnitte mit der Rasierklinge entscheiden, und es stimmt auch, dass die Rituale, die Menschen im Dienst einer kultischen Tradition über sich ergehen lassen müssen, außerordentlich schmerzhaft sein können. Aber diese Schmerzen sind immerhin aufgehoben in tradierten, sinnstiftenden Erzählungen und in Zeremonien, die einen klar definierten Anfang und ein klar definiertes Ende haben. In unserer Kultur hingegen weiß der Mensch gerade *nicht*, wann es genug ist – denn statt einer sinnstiftenden Erzählung gibt es nur das utopische Heilsversprechen des perfekten Körpers.

Von medizinischer Seite wird dieser prinzipiell unabschließbaren Perfektionierungslogik in immer stärkerem Maße Vorschub geleistet. Bestand die Aufgabe der Medizin die längste Zeit unserer Kulturgeschichte darin, einen kranken Körper zu heilen, verschreibt sich die Medizin seit geraumer Zeit dem Enhancement. Um den Erfordernissen der Leistungsgesellschaft zu genügen, muss der Körper optimiert werden – und damit er auch auf ihren Laufstegen bestehen kann, gehört seine rein äußerliche Perfektionierung neben dem Hirndoping ebenfalls zum Angebot der Medizin. Im Moment scheint es tatsächlich, als wären wir eher bereit, die natürlichen Grenzen des Körpers künstlich ins Absurde zu verschieben, als den zunehmend absurderen Leistungsgedanken dieser Gesellschaft zu hinterfragen. »Die Kultur der Optimierung hat sich mittlerweile auf eine Art und Weise verselbstständigt, dass nicht mehr die Veränderung und der Versuch einer Verbesserung der Begründung bedürfte, sondern nun vielmehr begründet werden muss, dass eine Optimierung unterlassen werden kann«, schreibt der Medizinhistoriker Christian Lenk. »Die Kultur der Optimierung kennt keine eigentlichen Ziele mehr. Verbesserung ist als solche zum Selbstzweck geworden.«

Und was ist eigentlich »optimal« in ästhetischer Hinsicht? Woher wissen Schönheitschirurgen, wie eine schöne Nase, ein schöner Busen, ein schöner Po aussieht? Ganz grundsätzlich gefragt: *Was ist schön?*

Wenn man Immanuel Kant diese Frage gestellt hätte, hätte er vermutlich nur mit den Schultern gezuckt. Für ihn gab es kein Wesen der Schönheit, existierten keine objektiven Kriterien, die erfüllt sein müssen, damit ein Gegenstand als schön gelten darf. Ausschlaggebend für die Bestimmung des Schönen war Kant zufolge einzig und allein der subjektive Geschmack. Geschmack, so schrieb der Philosoph am Ende des 18. Jahrhunderts in seiner *Kritik der Urteilskraft*, ist das »Beurteilungsvermögen eines Gegenstandes oder einer Vorstellungsart durch ein Wohlgefallen, oder Missfallen, ohne alles Interesse. Der Gegenstand eines solchen Wohlgefallens heißt schön.« Damit wendete sich Kant gegen die klassizistische Vorstellung, dass man sich an den Schönheitsidealen der Antike zu orientieren habe, und brachte die moderne Auffassung des Schönen auf den Punkt: Schönheit existiert nur im Auge des (interesselosen) Betrachters.

Im Zuge der künstlerischen Avantgarden des 20. Jahrhunderts, die mit dem ewig Rückwärtsgewandten endgültig brechen wollten, geriet die Schönheit dann sogar als solche in Misskredit. Ob Expressionismus, Futurismus, Fluxus oder Wiener Aktionismus: Stets ging es darum, den sogenannten guten Geschmack als reaktionär zu entlarven und dem Alten etwas radikal Neues, Provozierendes entgegenzusetzen. »Ein Rennwagen, dessen Karosserie große Rohre schmücken, die Schlangen mit explosivem Atem gleichen, … ein aufheulendes Auto, das auf Kartätschen zu laufen scheint, ist schöner als die Nike von Samothrake«, schrieb etwa Filippo Tommaso Marinetti 1909 in seinem *Futuristischen Manifest*: »Schönheit gibt es nur noch im Kampf.« Ein halbes Jahrhundert später war es Theodor W. Adorno, der das bruchlose Kunstwerk als kapitalistisch-kulturindustrielle Affirmation deutete, dem das Verworfene, Ausgestoßene, »Nicht-Identische« entgegengesetzt werden müsse.

Genau die Frage aber, die bis vor Kurzem noch als falsch gestellt gegolten hätte – Was ist schön? –, glauben Schönheitschirurgen und Attraktivitätsforscher beantworten zu können. Warum, so fragen sie, bleibt denn der (männliche) Blick gern an einem langen, schlanken Frauenbein, nicht aber an einem kurzen, dicken hängen? Widerlegt die Tatsache, dass manche Körper und Gesichter nun einmal anziehender wirken als andere, Kants abstrakten Schönheitsbegriff nicht nachgerade augenfällig? Und wenn doch bereits die Antike über eine Vorstellung vom »rechten Maß« verfügte und Pythagoras schon vor 2500 Jahren in der Lage war, rudimentäre Anfänge einer Proportionslehre zu entwickeln: Sollte es dann nicht heute, in Zeiten modernster Wissenschaftstechnik, möglich sein, endlich die universal gültige Formel für Schönheit zu knacken? »So schwer es auch ist, die Gründe für Schönheit herauszufinden, und so sehr auch die Meinungen der Forscher auseinander gehen, welche Eigenschaften wie wichtig sind – in einem

Punkt sind sich alle einig, nämlich dass Schönheit keineswegs subjektiv ist«, schreibt der Psychologe und Attraktivitätsforscher Martin Gründl. »Bei der Beurteilung, was ein schönes Gesicht ist und was nicht, sind sich die Menschen erstaunlich einig.« Zum Beweis führt er verschiedene empirische Studien an, die allesamt zeigen, dass bestimmte Gesichter spontan positiver beurteilt werden als andere. Aber warum? Viele Untersuchungen kämen zu dem Schluss, dass »verkindlichte« Frauen (männliche Schönheit, räumt der Autor ein, sei »kein leichter Fall«, weshalb er sie nur beiläufig in den Blick nimmt) mit gewölbter Stirn, großen, rundlichen Augen, einer kleinen, zierlichen Nase und rundlichen Wangen positiv bewertet würden; aber Baby-Pausbacken dürfen sie dann eben doch nicht haben. Dann also die Sex-hormone-markers-Theorie? »Sie besagt, dass ein Gesicht dann besonders attraktiv ist, wenn es Merkmale aufweist, die besonders typisch für das jeweilige Geschlecht sind, wenn also Frauen typisch weiblich und Männer typisch männlich aussehen.« Evolutionsbiologisch ergebe das durchaus Sinn, denn: »Frauen mit hohem Östrogenspiegel werden tatsächlich leichter schwanger als Frauen mit niedrigem… Eine Frau mit zierlichem Unterkiefer und vollen Lippen signalisiert damit der Männerwelt: ›Seht her, ich bin besonders fruchtbar, ich bin eine besonders wertvolle Partnerin!‹« Wenn aber allein die Fortpflanzung für die Schönheit entscheidend ist: Warum beurteilen wir dann ohne Probleme auch das Aussehen von Kindern? Kurzum, alle Ansätze sind letztlich nicht überzeugend, weshalb Gründl fleißig weitergeforscht hat an der Schönheitsformel. Und siehe da: Er fand sie in einer mathematischen Gleichung, die Beinlänge, Oberweite, Gewicht, Taillen- und Hüftbreite ins Verhältnis setzt. Um die Formel herauszufinden, befragte der Psychologe 60 000 Männer und Frauen. Mithilfe eines Computer-Morphing-Programms sollten sie das Bild eines durchschnittlichen Frauenkörpers so lange bearbeiten, bis sie ihn am attraktivsten fanden. Darüber hinaus waren die Versuchspersonen aufgefordert, 240 vorgegebene Figuren hinsichtlich ihres Aussehens zu bewerten. Das Ergebnis der Studie: Die meisten Menschen finden Frauen mit langen Beinen, mittelgroßen Brüsten, einer schmalen Taille und einer mittelbreiten Hüfte schön.

Aber hätte Gründl nicht zu exakt demselben Ergebnis kommen können, wenn er einen Blick in die *Vogue* geworfen hätte? »Der herrschende Geschmack bezieht sein Ideal aus der Reklame, der Gebrauchsschönheit«, stellten schon Max Horkheimer und Theodor W. Adorno in ihrer *Dialektik der Aufklärung* fest. Tatsächlich sagt Gründls Studie eher etwas über die Macht der Bilder im Spätkapitalismus und die Monotonie der Massenkultur aus als über die Schönheit an und für sich. Was seine Versuchskaninchen reproduzieren, ist nichts weiter als eben jene Angelina-Jolie-Sexyness, wie sie kulturindustriell unentwegt vermarktet wird.

Und wie überzeitlich ist eine Schönheitsformel, die lange Beine und schmale Taillen zum Nonplusultra erklärt? Man muss ja nicht einmal bis in die Frührenaissance zurückkehren, in der Sandro Botticelli seine üppige Venus malte, um auf die historische Bedingtheit von Schönheitsidealen hinzuweisen. Noch im 20. Jahrhundert galten runde Formen als schön, nämlich im Nationalsozialismus und in den fünfziger Jahren, als Frauen vor allem als Mütter gefragt waren. Heute, wie im Übrigen auch in den feministisch bewegten zwanziger und sechziger Jahren, ist Schlankheit ›in‹: Die gesellschaftliche Befreiung der Frau von der Fessel des Patriarchats geht also offensichtlich einher mit einer Fessel ganz anderer Art, nämlich mit einem Zwang zum Schlanksein. Die Attraktivitätsforschung, die mit der Schönheitschirurgie Hand in Hand

160

arbeitet, verkauft diese Fessel als anthropologische Konstante: Schönheit heißt Arbeit, heißt Entsagung, heißt – und es ist tatsächlich so paradox, wie es sich anhört – Selbstkasteiung im Dienste des Selbstwertgefühls.

Unaufhörlich kreisen wir um den Körper, weil er in unserer Kultur nicht lediglich ein Mittel darstellt, um eine Gottheit zu ehren, sondern Mittel und Zweck zugleich ist. Mehr denn je erhoffen wir uns von ihm allein unser Glück, denn alles andere ist Metaphysik, und die haben wir seit der Aufklärung überwunden. Wenn der Körper perfekt, wenn er schön, wenn er gesund ist, dann, so lautet das materialistische Heilsversprechen, lösen sich alle Probleme von selbst. »Noch nie wurde der bloßen Tatsache, im ›richtigen‹ Körper zu stecken, so viel Bedeutung verliehen«, schreibt Christiane Zschirnt. »Er soll heute die Antwort auf Identitätskrisen, Leistungsschwächen, Selbstachtungsdefizite, Einsamkeit, Lieblosigkeit sein. All das wird verschwinden, so das große Versprechen, wenn wir erst im richtigen Körper stecken, dann kommen auch der richtige Partner, die richtigen Freunde, der richtige Job und das richtige Leben.« Ich muss nur die hässliche Falte unterm Kinn loswerden und dann fängt mein Leben endlich an! Diese Vorstellung, die durch jede Brigitte-Diät genauso gespeist wird wie durch die Angebote der Schönheitschirurgie, ist nun aber im Grunde eine nachgerade mythische – denn warum sollte sich, bei Lichte betrachtet, mein gesamtes Leben nur aufgrund einer verschwundenen Falte ändern? Würde das nicht regelrecht an Zauberei grenzen? Tatsächlich ist die Vorstellung, dass der perfekte Körper das psychische Heil bringt, im Grunde nicht weniger abergläubisch als die kultische Götzenverehrung. Oder anders ausgedrückt: Den Grund für psychisches Elend einzig und allein im Körper zu suchen, ist in einem ganz buchstäblichen Sinne zauberhaft einfach.

Aus ihrer Erfahrung als Psychoanalytikerin erzählt Christa Rohde-Dachser den Fall eines Rechtsanwalts, der sich einer Schönheits-OP unterziehen wollte, weil er überzeugt war, dass er aufgrund seines markanten Kinns bei seinen Mitmenschen aneckt. »Ich selbst konnte an dem Gesicht des Patienten nichts Auffälliges entdecken und versuchte, ihm diesen Eindruck auch mitzuteilen, allerdings umsonst«, schreibt Rohde-Dachser. »Der Patient war bis zum Schluss überzeugt, daß es nur seine Kieferknochen waren und nicht etwa seine aggressiven Gefühle, die zu den Schwierigkeiten mit seiner Umgebung führten. Ich konnte damals nichts anderes tun, als sowohl dem Patienten als auch dem Kieferchirurgen meine erheblichen Zweifel daran mitzuteilen. Später hörte ich zufällig, daß der Patient sich doch der Operation unterzogen hatte. Wie es ihm danach ging, habe ich nicht erfahren. Ich vermute aber sehr, daß seine psychischen Probleme damit nicht aus der Welt geschaffen werden konnten.« Für Christa Rohde-Dachser liegt es auf der Hand, dass die Entscheidung für eine Schönheitsoperation in vielen Fällen aus einem unbearbeiteten inneren Konflikt resultiert. Ein Körperteil wird gewissermaßen als Opfer dargebracht, um sich subjektiv empfunder Schuld zu entledigen und auf diese Weise das Phantasma der idealen Welt aufrechtzuerhalten. Auch das kennt man bestens aus der Mythologie: Ödipus etwa beraubte sich selbst seines Augenlichts, um sich für den Inzest mit seiner Mutter zu bestrafen. Und ganz im Sinne strafender Selbstkasteiung heißt es auch in der Bibel: »Wenn aber dein rechtes Auge dich zur Sünde verführen wird, so reiß es aus und wirf es von dir, denn es ist dir besser, dass eins deiner Glieder umkommt und nicht dein ganzer Leib in die Hölle geworfen wird.« (Matthäus 5,29)

Diese althergebrachte Psycho-Logik eines reinen, unschuldigen Körpers, der alles Böse aus sich herauswirft, wird

162

heute nicht nur weitergetragen, sondern nachgerade auf die Spitze getrieben von der Schönheitsindustrie, die den perfekten Körper moralisch auflädt. Wer eine glatte Haut (weg mit den Pickeln und Falten!), symmetrische Gesichtszüge (weg mit der krummen Nase!) und eine gute Figur (weg mit den Fettpolstern!) hat, ›ist mit sich im Reinen‹ und ein besserer Mensch. Und einer Frau, die mit 50 noch so aussieht wie mit Mitte 30, attestiert man eine gelungene, vitale Existenz, während diejenige, die so alt aussieht, wie sie wirklich ist, sich vermeintlich verbraucht, verschleudert, vernachlässigt hat. Dabei ist es ja in Wahrheit genau umgekehrt. Wer sich die Anzeichen seiner Vergänglichkeit wegoperieren lässt, flüchtet, so formuliert es Rohde-Dachser, »in einen narzisstischen Raum, in dem die Zeit still steht und Ende und Anfang ineinander übergehen«. Und ein solcher Raum mythischer Zeitlosigkeit kann letztlich nichts anderes sein als der Tod selbst. »Und reglos bleibt im gebannten Blick wie ein Standbild er starr, das aus parischem Marmor gehauen«, heißt es in Ovids *Metamorphosen* über Narziss' perfektes, heiß begehrtes Gegenüber im Wasser. Die Angleichung an das Ideal ewiger Schönheit bedeutet also letzten Endes eine Angleichung ans Tote – und tatsächlich wirkt ja so manches schönheitsoperierte Gesicht wie eine Maske, der Zeit enthoben und im wahrsten Sinne des Wortes aufgesetzt.

Kommen wir am Schluss noch einmal auf den Satz Hegels zu sprechen, demzufolge derjenige glücklich ist, »welcher sein Dasein seinem besonderen Charakter, Wollen und Willkür angemessen hat und sich so in seinem Dasein selbst genießt«. Ein Mensch, der sich operieren lässt, um einem allgemeinen Schönheitsideal zu entsprechen, hat sein Dasein nicht *seinem* Charakter angepasst, sondern eben diesem allgemeinen Ideal. Natürlich existieren wir nie unabhängig von gesellschaftlichen

Schönheitsvorstellungen, und es mag tatsächlich Extremfälle geben, in denen ein chirurgischer Eingriff gerechtfertigt ist. Ein Mensch aber, der sein Aussehen im Sinne eines allgemeinen Ideals *optimieren* will, *unterwirft* sich diesem Ideal und löscht das, was ihn als Individuum, als unverwechselbaren Menschen kennzeichnet, aus.

Erlösung zum Sonderpreis
Die Schnäppchenjagd

Es ist kurz vor Mitternacht, und es ist eng auf dem Berliner Alexanderplatz. 5000 Menschen stehen dicht aneinandergedrängt vor einem Gebäude aus altrosa Sandstein, ungeduldig mit den Füßen scharrend, und warten darauf, dass sich die Glastüren endlich öffnen. Dann, plötzlich, ein lauter Knall. Die Masse hat den Absperrungszaun vor dem Haupteingang umgestürzt. Schreie, dann ein Scheppern und Klirren, die erste Glastür geht zu Bruch. Die Menschen stürmen los, schieben sich durch die Eingänge, die notgedrungen geöffnet werden müssen, und stürzen sich auf preisreduzierte Laptops, Handys, iPods, Flachbildschirme und Stereoanlagen.

Abgespielt haben sich diese Szenen im Jahr 2007 während der Eröffnung des Berliner Einkaufszentrums Alexa – Szenen, die dazu nötigen, Max Webers berühmte These, der Geist des Kapitalismus sei wesentlich durch protestantische Askese und Sparsamkeit bestimmt, zu überdenken. Die vom Calvinismus geprägte asketische Lebensführung, so schrieb der Soziologe Anfang des 20. Jahrhunderts, bestehe in arbeitsamem, gottgefälligem Streben und striktem Sparzwang und habe auf diese Weise die Entwicklung des kapitalistischen Systems begünstigt. Neunzig Jahre später geraten die Massen selbst nachts in einen Kaufrausch, angefeuert durch Slogans wie *Geiz ist geil*, die zwar insofern auf die Grundsätze des asketischen Protestantismus Bezug nehmen, als sie – zumindest auf den ersten Blick – analretentives ›Beisichbehalten‹ anpreisen: Gib bloß nicht zu viel aus! Wenn du dein iPhone bei uns kaufst, sparst du 30 Euro! Dennoch ist der *Geiz-ist-geil*-Schnäppchenjäger ganz offensichtlich kein sparsamer Asket.

Das Wort ›Geiz‹ kommt vom Mittelhochdeutschen *gīt[e]*, und das heißt: Gier. Habgier. Der geizige Schnäppchenjäger kauft nicht aus Bedürftigkeit, und er ist auch nicht im eigentlichen Sinne sparsam. Vielmehr frönt er seiner Habgier unter dem Deckmäntelchen rationalistischer Investition – und manchmal geht er dabei sogar in buchstäblichem Sinne über Leichen. In New York kam 2008 ein Mitarbeiter der amerikanischen Supermarktkette Wal Mart ums Leben, weil er von einer kaufwütigen Masse zu Tode getrampelt wurde. Zu Beginn der Weihnachtssaison hatte Wal Mart die Preise heruntergesetzt, tausende Menschen drängten sich im Morgengrauen vor den Eingangstüren, drückten sie ein und überrannten den 34-jährigen Angestellten wie eine Herde Rinder bei einer Stampede.

Zerstört und getötet haben Massen schon immer. Der Unterschied ist nur, dass sie es früher aus existenzieller Not, religiösem Fanatismus oder für politische Ziele taten. In anderen Teilen der Welt ist das auch heute noch so. Hierzulande dagegen geraten die Massen für einen billigen Flachbildschirm außer Rand und Band. Die Gier nach heruntergesetzter Ware verbindet und verschwört die Menschen untereinander, Hartz-IV-Empfänger, Friseurinnen, Studenten, Rentner und Referendare, sie alle stellen sich den Wecker, um reduzierte Flachbildschirme, Waschmaschinen, Staubsauger und DVD-Player zu ergattern. »Im Grunde hat der Schnäppchenwahn die Menschen einander über alle sozialen Schranken hinweg nähergebracht«, schreibt die Historikerin und Wissenschaftsjournalistin Eva Tenzer in ihrem Buch *Go shopping!* »Am Ende

kann jeder den anderen verstehen, da alle vom selben Jagd-
fieber ergriffen sind, oszillierend zwischen rationaler Sparsamkeit und destruktivem Wahn.« Aber warum sind die Massen
dem Schnäppchen derart verfallen? Weshalb verzichten sie
um seinetwillen sogar auf wertvolle Stunden Schlaf? Wieso
drängen sie sich mitten in der Nacht dicht aneinander wie
Schafe, nur um einen Toaster zu ergattern?

Eva Tenzer bietet auf diese Fragen eine Antwort, wie sie
derzeit häufig gegeben wird. Des Rätsels Lösung, meint sie,
liege in unserem Gehirn: Es befiehlt uns ganz einfach, gierig
zu sein. »Das menschliche Gehirn selbst liebt den Konsum
und verschmäht die Askese«, schreibt Tenzer. »Das Beloh-
nungssystem unseres Körpers schüttet Glückshormone nicht
etwa aus, wenn wir Verzicht üben und den schönen Dingen
entsagen, sondern vielmehr wenn wir Abenteuer in der bun-
ten Warenwelt erleben.« Der Grund: Konsum habe sich in der
Menschheitsgeschichte bewährt und also in unser Gehirn als
Erfolgsrezept eingeschrieben. »Wer sich rechtzeitig um Vorräte
kümmerte, Überschüsse beiseite legte und Überfluss produ-
zierte, war im Vorteil. Vorratskammern und Statussymbole
sicherten in allen Kulturen der Welt das Überleben.« Die
Schnäppchenjagd als Überlebensstrategie? Der globalisierte
Schnäppchenkapitalismus, ein evolutionäres Konzept der Exis-
tenzsicherung? Ist das Verhalten, das Menschen bei Super-
markteröffnungen an den Tag legen, schlichtweg natürlich
und damit womöglich sogar entschuldbar? Oder kommen wir,
wenn wir uns der Gier nicht neurowissenschaftlich, sondern
philosophisch nähern, zu einer plausibleren Erklärung des
gegenwärtigen Konsumwahns?

Die Gier richtet sich auf Dinge, mit denen man einen körperlichen Mangelzustand beheben will. Wer etwa fürchter-
lichen Hunger hat und einen großen Teller Nudeln vorge-

setzt bekommt, wird diesen gierig verschlingen. Doch auch Menschen, die eigentlich satt sind, können gierig sein. Ihre Gier ist die Gier nach *mehr*. Es handelt sich um eine Gier, die prinzipiell nicht zu befriedigen ist, weil sie immer wieder neu aufflammt. Kaum ist das Hühnerbein verschlungen, schon meldet sich wieder der Appetit. »Warum fresst ihr so viel? Ihr habt gar keinen Hunger!«, sagt eine junge Frau in Marco Ferreris Film *Das Große Fressen* aus dem Jahr 1973. Fassungslos schaut sie den vier Herren Marcello, Ugo, Philippe und Michel beim kollektiven Fress-Suizid zu und fügt resigniert hinzu: »So viel frisst nicht mal ein primitives Tier.« Während das Tier frisst, um satt zu werden, frisst der Mensch um des Fressens willen: Er frisst, weil er das Fressen *selbst* genießt. »Das Ideale war für mich immer, mit dem Essen anzufangen und nie wieder aufzuhören«, sagt Philippe in Ferreris Film und stirbt wenig später. Würde Ferriri seinen Film heute drehen, er würde ihn womöglich nicht *Das große Fressen*, sondern *Das große Kaufen* nennen. Neun Prozent aller Deutschen sind mittlerweile kaufsüchtig. Wie im Wahn konsumieren sie Dinge und stapeln sie zu Hause, meist ohne sie überhaupt noch auszupacken.

Aber woher genau kommt sie denn nun, diese Gier nach dem Mehr? Eine mögliche Antwort liefert Georg Wilhelm Friedrich Hegel in der *Phänomenologie des Geistes*. Hegel meint: Ein gesundes Verhältnis zu den Dingen kann ich nur erlangen, wenn ich sie in ihrer »Selbstständigkeit« erfahre. Nur wenn ich mit den Dingen umgehe, wenn ich sie bearbeite, herstelle und zubereite, kann ich sie wertschätzen; und nur wenn ich die Dinge wertschätze, erschöpft sich meine Freude an ihnen nicht nur in ihrem Verzehr, ihrem Konsum, ihrer Vernichtung. Der Inbegriff eines solchen Menschen, der weiß, wie viel Arbeit in einem fertigen Produkt steckt, ist für Hegel der Knecht. Die Arbeit des Knechtes, so Hegel, »ist *gehemmte*

Begierde, aufgehaltenes Verschwinden«. Tagtäglich geht ein Knecht mit Nahrungsmitteln um, etwa bei der Ernte oder der Essenszubereitung, ohne sie sofort zu verschlingen. Er ist geübt in Triebaufschub, er widersteht der Lust, das Ding unmittelbar zu genießen. Stattdessen lenkt er diese Lust in Arbeit um, er *verschiebt* sie in die Bearbeitung des Gegenstandes. Sigmund Freud würde sagen: Der Knecht ›sublimiert‹ seine Lust in Arbeit. Und je größer die Hingabe ist, mit der er die Dinge formt, desto mehr wächst auch der Knecht an und in seiner Tätigkeit. In dem Mahl, das er mit seinen eigenen Händen hergestellt hat, steckt er selbst, und indem er sich mit seinem Werk identifiziert, strahlt es auf ihn zurück.

Ganz anders dagegen der Herr. Der Herr bekommt von seinem Knecht die Dinge fertig bearbeitet vorgesetzt. Der Herr weiß nicht, was es bedeutet, ein Essen zuzubereiten, und deshalb kann er es auch nicht wertschätzen. Anders als der Knecht erfährt der Herr die Dinge nicht in ihrer Selbstständigkeit, und so bleibt ihm nur die Lust des Verzehrs, die Lust des Genusses, oder, wie Hegel sagt, die »reine Negation« des Gegenstandes. Der Knecht empfindet Befriedigung in der Herstellung des Dinges, der Herr dagegen nur in ihrer Zerstörung. Der Knecht produziert, der Herr konsumiert. Die Lust des Knechts bezieht sich auf Bleibendes, die Lust des Herrn dagegen auf Flüchtiges, Schwindendes. »Diese Befriedigung ist aber deswegen selbst nur ein Verschwinden, denn es fehlt ihr die gegenständliche Seite oder das Bestehen«, wie der Hegel-Interpret Alexandre Kojève schreibt. »Auch kann dieses ›Verzehren‹, diese müßige Lust des Herrn, die aus der ›unmittelbaren‹ (un-vermittelten) Befriedigung der Begierde hervorgeht, dem Menschen höchstens einiges Vergnügen bereiten, niemals aber vermag sie ihm vollkommene und endgültige Befriedigung zu verschaffen.« Der Herr empfindet Befriedigung nur in der unmittelbaren

169

Befriedigung seiner Gier. Und weil die Befriedigung jeweils nur kurz anhält, giert der Herr sofort nach mehr.

In unserer heutigen Konsumgesellschaft sind wir im Grunde alle Herren im Hegel'schen Sinne. Wir konsumieren Dinge, die ›Knechte‹, vorzugsweise in Billigländern, produziert haben. Allenthalben wird hierzulande der Geldbeutel oder die Kreditkarte gezückt, sofern man sich zum Einkaufen überhaupt noch aus dem Haus bewegt. Bequem shoppen, so lautet die Devise. Nutzen Sie unseren Online-Service! Ein Mausklick, und der in Indien hergestellte Rattansessel wird frei Haus geliefert. Und wenn man bei Aldi fünf Paar Socken *made in Taiwan* für 2,99 bekommt: Wer ist da noch so verrückt und trägt sie länger als ein Jahr? Weg mit den ollen Dingern und schnell ein paar neue gekauft. Auf diese Weise wird eine Kaufsucht regelrecht antrainiert: Weil der Mensch kein Verhältnis mehr zu den Dingen hat, kann er nur noch ihren Konsum genießen. Oder wie es der Philosoph Herbert Marcuse formuliert: »Die Beschränkung des Glücks auf die vom Produktionsprozeß getrennt erscheinende Sphäre der Konsumption verfestigt die Partikularität und Subjektivität des Glücks in einer Gesellschaft, in der die vernünftige Einheit von Produktions- und Konsumptionsprozeß, von Arbeit und Genuß nicht hergestellt ist.« Genießen, meint Marcuse, heißt für uns heute: Beine hochlegen und konsumieren, was andere erarbeitet haben. Der Produktionsprozess selbst bleibt vom Genuss abgespalten. Vor diesem Hintergrund ist es aufschlussreich, das Augenmerk einmal auf die ursprüngliche Bedeutung des Wortes ›Genuss‹ zu richten. Das mittelhochdeutsche *Geniesz* bezeichnete, so ist im *Grimmschen Wörterbuch* nachzulesen, »gemeinsame nutznieszung ... was noch in *genosse* so nahe liegt«. Während wir heute den Genuss mit Konsum, Überfluss und kruder Selbstsucht in Verbindung bringen, spricht seine Begriffsgeschichte eine ganz andere Sprache: Der Genuss im ursprünglichen Sinne des Wortes ist kein besonders luxuriöser und ichbezogener Akt, sondern ein sozialer und an die Arbeit gekoppelter: Man ›nutznießt‹ gemeinsam ein Feld oder eine Wiese, man ›nutznießt‹ das gemeinsam Erwirtschaftete, man ›nutznießt‹ gemeinsam die Früchte der Arbeit. Heute ist das Genießen nicht mehr abhängig von einem Acker, der früher oder später abgeerntet ist, sondern es ist allein abhängig von unserem Portemonnaie beziehungsweise einem Kredit, den uns die Bank gewährt. Und warum mit dem Konsumieren aufhören, wenn mehr sogar billiger ist als weniger? Wären wir nicht dumm, wenn wir während der Happy Hour nur *einen* Cocktail tränken? Laden nicht die mittlerweile allgegenwärtigen All-you-can-eat-Angebote dazu ein, sich, auch wenn man schon längst satt ist, noch weitere drei, vier Male ans Buffet zu schleppen und sich den Teller vollzuladen? Wer sieben Euro pauschal für das Frühstücksbuffet bezahlt, handelt unökonomisch, wenn er nur ein Ei und ein Brötchen isst. Mehr denn je wird unser Ess- und Trinkverhalten vom Geld und nicht von unseren tatsächlichen Bedürfnissen bestimmt. Wir wollen möglichst viel haben und möglichst wenig dafür bezahlen.

»[D]ie sinnliche Lust wird, weil sie so heftig ist, von denen erstrebt, die an keiner anderen ein Vergnügen finden können«, schrieb der antike Philosoph Aristoteles in seiner *Nikomachischen Ethik*. »So gibt es Menschen, die in sich selbst ein künstliches Durstgefühl hervorrufen… Denn sie haben nichts anderes, worüber sie Freude empfinden können.« Dieses ›künstliche Durstgefühl‹ ist das Prinzip der heutigen Konsumkultur: Unablässig erzeugt sie körperliche Bedürfnisse, die wir natürlicherweise kaum empfänden. Ach, Media Markt hat diese Woche (nur diese Woche!) Fernseher, die eigentlich

über 500 Euro kosten, für 100 Euro weniger im Angebot?
Nichts wie hin!

Der Mensch im Spätkapitalismus hat ständig eine trockene
Kehle. Immerzu denkt er, dass ihm etwas fehlt, etwas, das er
JETZT UND SOFORT haben muss. Er läuft durch die Welt
wie ein Kind, überall sieht er es glitzern und blinken, alles ist
eine ständige Verheißung. Wenn ich nur dieses Sofa hätte…
sprach's, und schon ist das Konto überzogen – nur der Durst,
der ist immer noch nicht gelöscht.

Vor dem Hintergrund der grandiosen Verdrängungsleis-
tung des Schnäppchenjägers, was globale Ausbeutungsver-
hältnisse angeht, ist es umso frappierender, dass ausgerechnet
die Schnäppchenjagd heute als politischer Akt, ja gar als eine
Art Revolution verkauft wird. »Wir hassen teuer«, lauten die
massentauglichen Statements, und: »Ich bin doch nicht blöd!«
Der Schnäppchenjäger lässt sich nicht für dumm verkaufen,
er lässt sich nicht schröpfen ›von denen da oben‹, Euro ist
Teuro, aber nicht bei Media Markt. Die neue große Volks-
partei, so scheint es, ist der Discounter: Vorbei die Zeit, in
der die unteren Schichten aufs Genießen verzichten mussten,
shoppen gehen kann heute jeder, und vor dem Sonderangebot
sind sowieso alle gleich. Und war Gleichheit nicht *das* Ideal der
Französischen Revolution? Bitte schön, hier ist er, der billige
Flachbildschirm, ergattern kann ihn auch ein Mindestlohn-
arbeiter, er muss sich nur seines eigenen Verstandes bedienen und wachsam Werbeprospekte studieren. Der Bezug zur
Französischen Revolution mag für manche Ohren überzogen,
nachgerade absurd klingen: Was hat die Schnäppchenjagd
schon mit den Idealen der Aufklärung zu tun? Allein, man
muss sich nur einmal aufmerksam die Werbung anschauen,
um zu sehen, dass diese für die Menschheitsgeschichte so
wesentliche Epoche längst zu einem prominenten Bezugspunkt

heutiger Reklame avanciert ist: »Telefonieren ohne Ende. Ich liebe meine Redefreiheit«, heißt es in der Werbung eines Telefonanbieters für eine Handy-Flatrate. Redefreiheit, auch Meinungsfreiheit genannt, war eine der größten Errungenschaften der Aufklärung. In spätkapitalistischen Zeiten heißt Redefreiheit: loslabern. Reden ohne Punkt und Komma und für möglichst wenig Geld.

So pseudopolitisiert wie heute war die Werbung in der Tat noch nie. Die Telekom etwa feierte den zwanzigsten Jahrestag des Mauerfalls, als hätte sie diesen selbst herbeigeführt. Auf Plakaten war die Berliner Mauer zu sehen, davor Menschen, die sich hingebungsvoll mit ihren mobilen Entertainmenteinheiten beschäftigen. Das Motto der Kampagne: »Grenzen gab's gestern. Kommunikation überwindet alle Grenzen.« Ein anderer Telekom-Spot spielte im Leipziger Bahnhof. Hunderte Menschen laufen durcheinander, bis plötzlich ein Startenor die Stimme erhebt und Beethovens *Ode an die Freude* anstimmt. Die Menschen bleiben stehen, erstarren zur Masse, blicken zum Tenor, fangen zu Tränen gerührt an zu singen: »Deine Zauber binden wieder, was die Mode streng geteilt/alle Menschen werden Brüder, wo dein sanfter Flügel weilt.« Wir danken dir, Deutsche Telekom, für unsere Freiheit. Würde es dich nicht geben, wir säßen immer noch einsam und stumm oder höchstens mit Schnurtelefonen an Resopalwohnzimmertischen und wüssten gar nicht, was es heißt, frei wie ein Vogel zu twittern.

Das wiedervereinigte Deutschland feiert den Konsum. Unterdrückung gab's gestern, heute wird geshoppt. Endlich dürfen *alle* ran an die Schnäppchen! Auch die Ostdeutschen, die jahrzehntelang entsagen mussten und umso größeren Nachholbedarf haben. Also flugs künstliche Verknappung herbeigeführt, um die Kauflust noch ein wenig zu steigern (»Nur solange der Vorrat reicht!«), und dann: Komm, Ossi, schnapp! Braaaav. Das Sonderangebot ist das Leckerli für die Massen: Wer es nach Hause trägt, fühlt sich belohnt und beschenkt. Toll, das 199-Euro-Handy für 169! 30 Euro gespart! Dann nehme ich doch noch ein paar Rohlinge und Folienschreiber mit, die sind dann ja quasi umsonst. Doch es ist nicht nur das trügerische Gefühl des Beschenktwerdens, das den Reiz des Schnäppchens ausmacht. Zugeschnappt wird auch und vielleicht sogar vor allem deshalb, weil man anderen etwas *weg-schnappt*. Was wäre langweiliger, ja sinnloser als eine Schnapp-jagd ohne Rivalität? Wer würde nicht misstrauisch, wenn er nachts allein auf dem Alexanderplatz stünde in Erwartung der Schnäppchen zur Kaufhausneueröffnung oder bei eBay als Einziger für einen alten Schrank böte? Nein, wer Lust an der Jagd haben will, braucht Konkurrenz, denn nur wenn andere einen Gegenstand auch haben wollen, wird dieser überhaupt begehrenswert. Bei der Schnäppchenjagd geht es nicht um den Gegenstand an sich, es geht nicht um den Gebrauchswert eines Dinges, sondern um den Tauschwert. Um das gierige Anhäufen von Gütern, die ihren Wert allein dadurch erlangen, dass ein anderer sie ebenso gern besessen hätte.

Doch kommen wir noch einmal zurück zur Aufklärung – denn es gibt womöglich noch einen weiteren Grund, weshalb ihre Grundsätze derzeit in so auffälliger Weise als Legitimation für enthemmtes Konsumverhalten herangezogen werden. Um die Menschen von der Gier abzuhalten, musste sich die Kultur seit jeher etwas einfallen lassen – und bis zur Aufklärung hieß die Lösung schlicht und einfach: Gott. »Seht zu und hütet euch vor dem Geiz; denn niemand lebt davon, daß er viele Güter hat«, steht im Lukasevangelium geschrieben, und im Epheser-brief heißt es: »Denn ihr sollt wissen, dass kein Hurer oder Unreiner oder Geiziger, welcher ist ein Götzendiener, Erbe hat in dem Reich Christi und Gottes.« Die stets dräuende Strafe Gottes respektive die Verheißung auf jenseitiges Heil waren es, die den Menschen von gierigem Verhalten (zumindest wenn er gottesfürchtig war) absehen ließen. Später dann, nachdem die Menschen sich im Zuge der Aufklärung aus ihrer religiösen Unmündigkeit befreit hatten, übernahmen Morallehren jene Aufgabe, die vormals die Religion innehatte. »Handle nur nach derjenigen Maxime, durch die du zugleich wollen kannst, daß sie ein allgemeines Gesetz werde«, so versuchte etwa Immanuel Kant die Menschen zu moralischem Handeln anzuhalten. Kann die Gier zu einem allgemeinen Gesetz werden? Wohl kaum. Denn wenn alle nur gieren und raffen und schlingen, entzieht sich eine Kultur selbst ihre Grundlage, die doch gerade darin besteht, dass die Menschen ihre Begierden hemmen und in Arbeit sublimieren. Letztendlich aber war ein strafender Gott effektiver als der Kategorische Imperativ Kants. Denn warum sollte der einzelne Mensch überhaupt ein Interesse am Wohlergehen der Gesellschaft haben? Wenn ich nur geschickt genug bin: Kann ich dann nicht gierig sein, ohne dass die anderen es merken? Und womöglich verhalten sich die anderen ja heimlich auch unmoralisch? Warum also soll ausgerechnet *ich* moralisch sein? *Ich bin ja nicht blöd!*

»Die Morallehren der Aufklärung zeugen von dem hoffnungslosen Streben, an Stelle der geschwächten Religion einen intellektuellen Grund dafür zu finden, in der Gesellschaft auszuhalten, wenn das Interesse versagt«, schreiben Horkheimer und Adorno. So betrachtet war es nur eine Frage der Zeit, bis an die Stelle des Kantischen Imperativs der Befehl *Sei geizig!* treten würde. Derart selbstgerecht und wütend wird dieser Befehl in der Werbung verkündet, ja, wird er von Maschinenfrauen regelrecht herausgeschrien, als habe es nie einen Glauben an Gott, nie Todsünden und nie eine jahrtausendealte Debatte um moralische Grundsätze gegeben. Haben wir vielleicht tatsächlich keinen Begriff von Schuld mehr?

Das ist allerdings kaum möglich – denn die unstillbare Gier nach Mehr, das zwanghafte Genießen, ist überhaupt nur denkbar vor dem Hintergrund eines Verbots, das im Akt des Genießens überschritten wird (vgl. »Das genießende Arbeitstier«). Das Tier kennt keine Gier, und es kennt auch keinen Genuss. Gierig ist nur der Mensch, denn nur er ist, als Kulturwesen, zu Triebverzicht angehalten und entwickelt demzufolge eine umso größere Lust auf alles, was ihm verboten ist. Der provokative Reiz von Werbesprüchen wie »Geiz ist geil!« liegt ja in der Tat genau darin, dass sie an den Grundfesten der Zivilisation rütteln, an fundamentalen Regeln, die für menschliches Zusammenleben seit jeher gelten. In seinem Fragment *Kapitalismus als Religion* vertritt der Philosoph Walter Benjamin entsprechend die These, dass der Kapitalismus, gerade weil er diese Regeln durchbricht, zutiefst durchdrungen sei von einem Schuldbewusstsein; und weil er nicht mehr weiß, wie er seine Schuld überhaupt noch sühnen soll, tritt er gewissermaßen die Flucht nach vorn an. Benjamin schreibt: »Ein ungeheures Schuldbewusstsein, das sich nicht zu entsühnen weiß, greift zum Kultus, um in ihm diese Schuld nicht zu sühnen, sondern universal zu machen, dem Bewusstsein sie einzuhämmern und endlich und vor allem den Gott selbst in diese Schuld mit einzubegreifen, um endlich ihn selbst an der Entsühnung zu interessieren.« Der Kapitalismus, so Benjamin, ist der einzige Kult, der nicht *ent*schuldend, sondern *ver*schuldend ist. Er will so viel Schuld anhäufen, bis sogar Gott in dem Haufen unterzugehen droht und sich im letzten Augenblick doch noch zur Entsühnung entschließt: »Es liegt im Wesen dieser religiösen Bewegung, welche der Kapitalismus ist, das Aushalten bis ans Ende, bis an die endliche völlige Verschuldung Gottes, den erreichten Weltzustand der Verzweiflung auf die gerade noch gehofft wird. Darin liegt das historisch Unerhörte des Kapitalismus, daß Religion nicht mehr Reform des Seins, sondern dessen Zertrümmerung ist. Die Ausweitung der Verzweiflung zum religiösen Weltzustand, aus dem die Heilung zu erwarten sei.« Vereinfacht ausgedrückt: Das kapitalistische System gleicht einem Kind, das unentwegt ein Verbot überschreitet, um den Vater, der sich abgewendet hat, wieder für sich zu interessieren. Guck mal, Papa! Ich baue einen riesengroßen Haufen Scheiße, und wenn du mir das nicht sofort verbietest, steckst du mit drin. Das Kind, das so handelt, *genießt* die Verbotsübertretung; es weidet sich an dem Kitzel, nie genau zu wissen, wann und wie der Vater reagiert. Übertragen auf die Schnäppchenjagd heißt das: Wenn wir gierig nach Sonderangeboten jagen, wissen wir genauso wie das Kind, dass wir eine Grenze verletzen: Anders als das Tier hat der Mensch nie in einem unschuldigen Naturzustand gelebt; für ihn als Kulturwesen galt das Verbot, seine Triebe ungehindert auszuleben, von Beginn an, und es ist noch heute in uns lebendig. Der Kapitalismus hat uns nicht vom Verbot und auch nicht von der Schuld befreit; vielmehr genießen wir es wie Kinder, uns immer wieder aufs Neue schuldig zu machen, gespannt darauf wartend, was wohl passiert.

Das Wort ›Schuld‹ muss übrigens in seiner ganzen Doppelsinnigkeit begriffen werden – denn tatsächlich erleben wir ja gerade eine Zeit, in der uns der ›Schuldenhaufen‹, der durch unsere Gier entstanden ist, buchstäblich über den Kopf wächst. Gemeint ist die globale Finanzkrise, der bisherige Höhepunkt kollektiver Gier. Ist die weitestmögliche Ausdehnung der Verschuldung also womöglich bereits erreicht? Hat die Finanzkrise den finalen Big Bang eingeläutet und den kapitalistischen Traum endgültig zum Platzen gebracht? Welches Zeitalter könnte dann aber danach anbrechen? Benjamin nennt zwei Alternativen: entweder das Zeitalter des nietzscheanischen Übermenschen, der weder Gut noch Böse kennt, oder die Zeit des Sozialismus, die Karl Marx zufolge dann gekommen ist, wenn der Kapitalismus sich selbst zerstört hat. Allein, noch ist es nicht so weit. Denn der Gott, den wir auf dem Zenith der Verschuldung angesprochen haben, war Vater Staat, und der hat seine verlorenen Schäfchen schnell unter einem von ihm gesponserten finanziellen Rettungsschirm versammelt. Durch Milliardensubventionen ist die finanzielle Apokalypse also vorerst aufgehalten worden. Aber wer weiß: Wenn uns schon nicht die Finanzkrise zum Ziel führt, dann vielleicht der Klimawandel?

Worauf wir allein achten müssen, ist, dass wir der Gier weiter frönen und uns zum Beispiel jede Menge subventionierter Neuwagen kaufen, Fleisch aus Massentierhaltung essen oder, das Fliegen ist ja heute so schön billig, noch mehr Kerosin in die Stratosphäre pumpen. Dann werden wir den Himmel irgendwann womöglich, wie es Benjamin formuliert, endgültig und im wahrsten Sinne des Wortes »aufsprengen« – und das, was sich dann über uns ergießt, wird kein Rettungsschirm mehr aufhalten können.

Lob des Lassens
Über das Nicht(s)tun

Nehmen wir einmal an, es gäbe einen unsichtbaren Beobachter, der uns dabei zusieht, wie wir unseren Tag verbringen. Wie wir morgens eilig unsere Kinder in die Kita oder in die Schule bringen, mit besorgtem Blick auf die Uhr; wie wir nervös auf den Bus oder an der Ampel warten; wie wir mittags in der Kantine das Essen hinunterschlingen und gar nicht merken, was wir da eigentlich genau kauen; wie wir telefonieren und gleichzeitig E-Mails tippen; wie wir, obwohl wir abends nicht mehr wissen, wo uns der Kopf steht, trotzdem nicht zur Ruhe kommen und noch die Wohnung oder das E-Mail-Postfach aufräumen. Der unsichtbare Beobachter würde sich wundern: Warum um alles in der Welt sind diese Menschen so angestrengt? Für wen kämpfen sie sich ab? Glauben sie, dass sie irgendjemand irgendwann dafür belohnt? Dabei hätten sie doch, so phantasievoll und erfinderisch, wie sie sind, die einzig ihrer Spezies vorbehaltene Möglichkeit, das Leben zu genießen!

Natürlich hätte der unsichtbare Beobachter recht: Nur der Mensch hat die Gabe, eine Existenz jenseits der Naturnotwendigkeit zu führen. Er kann sich sein Dasein einrichten, es gestalten, er kann sich bequeme Häuser bauen, vorzügliche Gerichte kochen, Wein trinken, er ist in der Lage, Maschinen zu bauen, die ihm das Leben erleichtern und ihm erlauben, seine Zeit mit Schönem zu verbringen anstatt mit stupider

Arbeit – und doch bewegt er sich durch die Welt wie ein gehetztes Tier.

Mehr denn je, so habe ich in diesem Buch gezeigt, leben wir heute in einer Kultur des Machens, des unausgesetzten Tuns, der zwanghaften Selbstoptimierung, der hektischen Betriebsamkeit. Dass wir durch die moderne Technik Zeit einsparen, führt nicht dazu, dass wir entspannter würden, gerade umgekehrt sind wir getriebener denn je, weil die gewonnene Zeit sogleich wieder für irgendeine Beschäftigung genutzt wird. »In dem Maße, in dem wir durch Technik Zeit gewinnen, steigen unsere Ansprüche und Anforderungen«, stellt Ulrich Schnabel in seinem Buch *Muße* fest. Dass wir heute statt mit einer wochenlangen Schiffspassage mit dem Flugzeug in Windeseile weit entlegene Länder erreichen können, heißt nicht, dass wir dadurch Zeit gewönnen, sondern dass wir *weiter* und *mehr* reisen als früher. Auch dass wir immer schneller und einfacher kommunizieren können, hat nicht zur Folge, dass wir mehr Zeit hätten – vielmehr führt es dazu, dass wir exzessiv kommunizieren. Wir geben uns in frei gewordener Zeit nicht der Muße hin, sondern nutzen sie für neue, andere Anstrengungen, insbesondere für die Arbeit.

Allein, so könnte man fragen: Worin soll der Lebenssinn schließlich liegen, wenn nicht in Aktivität und Produktivität? Wir sind, was wir tun, was wir leisten – wie könnte es anders sein? Wir zeichnen uns aus durch Talente und beruflichen Ehrgeiz, schaffen und schöpfen unentwegt: Der ambitionierte Hochleistungsmensch ist nicht nur aktiv, sondern hyperaktiv. Unentwegt entwickelt er Projekte, plant, organisiert, kommuniziert – und sollte sich hin und wieder doch einmal ein freies Zeitfensterchen öffnen, drängt sofort eine neue, vermeintlich wichtige Beschäftigung: Der Abstellraum sieht so unordentlich aus; mein Anti-Viren-Programm updaten müsste ich auch mal wieder; und will ich nicht schon seit Tagen diese Rechnungen abheften?

Aktivität, so scheint es, heißt Leben. Passivität, gar Stillstand, bedeutet Tod. Aber stimmt das wirklich? Immerhin zeigt sich insbesondere an Workaholics eindrücklich, dass gerade ein übertriebener Aktionismus ins Verderben führt. Der Arbeitssüchtige ist eine Produktivitätsmaschine, die auf Selbstzerstörung programmiert ist: Sie verausgabt sich bis zum Kollaps. Wäre es also möglich, dass die Passivität – das Lassen – für Leben und Arbeit doch eine weitaus wichtigere Rolle spielt, als man gemeinhin annimmt?

Nähern wir uns dieser Frage an, indem wir klären, in welchem Verhältnis Tun und Lassen, Aktivität und Passivität, eigentlich zueinander stehen. Haben wir es wirklich mit einem radikalen Gegensatz zu tun? Hier das Leben, die Vitalität, dort Tod und Lethargie? Mitnichten. Bei genauerem Hinsehen zeigt sich vielmehr, dass Handeln ohne Nichthandeln undenkbar ist. Wenn ich mich für eine Handlung oder einen wie auch immer gearteten Selbstentwurf entscheide, lasse ich notgedrungen unzählige andere Handlungsoptionen aus; denn ich kann nun einmal nicht (sosehr ich es mir vielleicht auch wünsche) gleichzeitig Sport machen *und* ins Kino gehen; es ist mir nicht möglich, am Wochenende Freunde zu treffen und endlich mal wieder die Fenster zu putzen; und wenn ich an einem Text arbeite, kann ich nicht gleichzeitig E-Mails checken. Wir, die wir längst gewohnt sind, mehrere Dinge gleichzeitig zu tun, sehen die Notwendigkeit des Auslassens zwar kaum mehr (wir telefonieren mobil, obwohl wir eigentlich gerade mit einem Freund in der Kneipe sitzen), doch es liegt auf der Hand, dass eine tiefe, konzentrierte Beschäftigung nur dann gelingen kann, wenn ich mich auf *eine* Tätigkeit beschränke. »Unser Thun soll bestimmen, was wir lassen: Indem wir thun, lassen wir«, schrieb Friedrich Nietzsche bereits im 19. Jahrhundert, und je zielgerichteter unser Tun ist, je stärker es uns fesselt, desto leichter fällt es uns, von anderen Tätigkeiten abzusehen. Aktiv und passiv sind somit bei genauerem Hinsehen zutiefst miteinander verschränkt – und übrigens nicht zuletzt auch deshalb, weil gerade das Nichthandeln eine radikale Form des Handelns sein kann: Wer ganz gezielt eine Handlung unterlässt, die naheliegend, ja womöglich sogar zwingend gewesen wäre (man denke an unterlassene Hilfeleistung), vollzieht eine Tat gerade dadurch, dass er etwas *nicht* tut.

Bislang haben wir das Lassen als ein Aus- und Unterlassen begriffen. Doch es gibt noch eine andere Form des Lassens, die mit dem Handeln in höchstem Grade verwoben ist. Stellen Sie sich einen schönen, sonnigen Morgen vor, voller Tatendrang treten Sie nach draußen, schnuppern die frische Morgenluft, beobachten das Lichtspiel in den Blättern, spüren die Wärme, hören die Vögel … Ihr Tätigsein ist unauflöslich verknüpft mit einem *Einlassen* auf die Welt. Eindrücke strömen auf Sie ein, Gerüche gelangen durch die Nase in Ihren Körper, Ihre Augen folgen visuellen Reizen, ja, Ihr ganzer Körper ist durchflutet von Wahrnehmungen, denen er sich bereitwillig öffnet. Indem Sie sich einlassen – sei es nun auf einen schönen Morgen, eine Tasse Tee oder auch auf Ihre Arbeit –, erlangt Ihr Handeln Tiefe und Sinnlichkeit. Anstatt ein Wahrnehmungsobjekt wie ein Ding zu behandeln oder sich ihm gar zu verschließen, treten Sie zu ihm in Beziehung: Sie lassen sich von ihm bestimmen, verführen, durchdringen. »Wer sich auf etwas einlässt, lässt etwas zu; er lässt zu, nicht mit Bestimmtheit zu wissen, was ihm im Verlauf seines Handelns geschehen wird«, so bringt der Philosoph Martin Seel diesen Zusammenhang auf den Punkt. Sich einzulassen heißt, Kontrolle abzugeben, sich zumindest zeitweise zu überantworten an ein Anderes – und vielleicht ist es genau dieses Einbüßen an Handlungsmacht, weshalb wir häufig lieber schnell über die Dinge hinweggehen, anstatt sie an uns heran-, ja, in uns hineinzulassen. Oft, allzu oft, fehlt aber auch schlichtweg die Zeit, um hingebungsvoll wahrzunehmen, aufzunehmen, zu verarbeiten. Bücher werden nur angelesen, E-Mails in Sekundenschnelle und ohne groß nachzudenken getippt und abgeschickt, zwischendurch ein eiliger Coffee to go aus dem Pappbecher, während man von einem Termin zum anderen hetzt.

Diese alltägliche Hektik verhindert nicht nur das Einlassen, das sinnliche Aufgehen im Stoff, sondern, damit zusammenhängend, auch kreatives Denken. Dem hyperaktiven Menschen kann sich kein ›Geist einhauchen‹, wie das aus dem Lateinischen abgeleitete Wort ›Inspiration‹ übersetzt lautet, denn er hat weder die Zeit noch die Muße, um sich inmitten einer »tiefen Langeweile« (Han) offen zu halten für eine Eingebung. Ein guter Gedanke ist im wahrsten Sinne des Wortes eine Gabe, er kommt nicht auf Knopfdruck, sondern er schenkt sich uns gerade dann, wenn wir *ablassen* und *loslassen:* wenn wir schlafen, schlendern, phantasieren, träumen. Erst wenn wir den Verstand dimmen und sich unser krampfhaftes, zielstrebiges Wollen in schläfrig-verträumte Entspannung auflöst, sind wir empfänglich für den Geist – oder, um es weltlicher auszudrücken, für die Botschaft des Unbewussten. Indem der Mensch träumt, bringt er Dinge zusammen, die eigentlich nicht zusammen gehören, und schöpft auf diese Weise Neues. Träumend überlistet er jene Zensur, die im Wachzustand sein Denken überwacht und es in den gewohnten Bahnen hält. Im Wachzustand denken wir logisch und im weitesten Sinne moralisch: Gegensätzliche, unvereinbare Dinge sind in unserem Kopf fein säuberlich voneinander getrennt, und wem moralisch Fragwürdiges in den Sinn kommt, der maßregelt sich durch ein schlechtes Gewissen umgehend selbst. Träumend aber kann die Zensur umgangen werden, denn der Traum verschlüsselt seinen wahren Inhalt, ›versteckt‹ ihn gewissermaßen hinter den Traumbildern. Sigmund Freud spricht in diesem Zusammenhang von einem latenten und einem manifesten Trauminhalt: Der manifeste Trauminhalt ist der Traum, so wie er uns morgens im Gedächtnis ist. Und seine verworrenen Bilder weisen verschoben und verdichtet auf den latenten Trauminhalt hin – also darauf, worum es im Traum eigentlich geht. Verschiebung und Verdichtung: Das sind Freud zufolge die Werkmeister des Traums. Und sie sind auch die Werkmeister des kreativen Denkens. »Bei Leuten, die einen heftigen, aber unbefriedigten wissenschaftlichen Drang mit in den Schlaf nehmen, lockert sich nicht nur die Sexualmoral, sondern auch das wissenschaftliche Paradigma«, schreibt der Philosoph Christoph Türcke in seinem Buch *Philosophie des Traums*. Tatsächlich fällt Denkern und Denkerinnen ja häufig frühmorgens plötzlich ein, worum sie am Tag zuvor verzweifelt gerungen haben. Der Traum hat die Lösung gebracht, weil dieser die Regeln des Allgemeingültigen aushebelt und neuartige Verbindungen zulässt. Und um zu träumen, muss der Mensch noch nicht einmal unbedingt tief und fest schlafen. Häufig reicht schon ein halbwacher Zustand, um die Zensur zu umgehen. Aus diesem Grund arbeiten viele kreative Menschen gern an den Rändern des Tages: wenn sie noch nicht oder nicht mehr richtig wach sind. Andere hören Musik. Und wieder andere gehen, laufen ausdauernd durch Wälder oder Städte und schaukeln sich durch den gleichmäßigen Rhythmus der Schritte in einen wohligen Dämmerzustand. »Wer begreifen will, was Denken ist, muß zu begreifen versuchen, was Träumen ist«, schreibt Christoph Türcke.

184

Wer sich passiv und abwartend verhält, gerät leicht in den Verdacht, lethargisch, handlungsunfähig, fremdbestimmt zu sein, während der aktive, offensive Mensch, der ›nichts anbrennen lässt‹, als potent, frei und selbstbestimmt gilt. Dabei ist es im Grunde gerade umgekehrt: Menschen, die sich blindlings in Aktionismus stürzen, sind häufig unfähig, eine situative Spannung auszuhalten, und agieren insofern in höchstem Maße unfrei. Sie unterliegen einem inneren Zwang, Momente der Stille und der Unbestimmtheit sofort zu zerstören beziehungsweise gar nicht erst aufkommen zu lassen, weil sie solche Augenblicke als peinlich und verstörend, als zutiefst quälend und unangenehm empfinden. Wenn sie von der Arbeit nach Hause kommen und eigentlich nichts Dringendes mehr zu tun ist, räumen sie auf oder erledigen private E-Mail-Post, weil sie eine unbestimmte Angst packt, sobald sie untätig sind; wenn in Gesprächsrunden ein Schweigen eintritt, *müssen* sie sprechen, obwohl es eigentlich nichts zu sagen gibt; und wenn sie einen Wartesaal oder einen Tagungsraum betreten, setzen sie sich *sofort* auf den nächstbesten Platz, ohne den Blick auch nur eine Sekunde schweifen zu lassen: Es könnte ja irgendjemand die eigene Unsicherheit bemerken, diesen kurzen Moment des Zögerns und Zauderns…

Der passive Mensch hingegen schafft sich und anderen Handlungsoptionen, gerade weil er nicht sofort agiert und spannungsvolle Augenblicke aushält. »Im Nichttun werden […] Zwischenzonen kreiert, die sich als Pause oder als Intervall, als Durchquerung oder als Leerstelle, als Potential oder Spielraum beschreiben lassen«, so die Philosophinnen Alice Lagaay und Barbara Gronau. »Bezeichnenderweise hat das Nichttun darin weniger beendenden, als vielmehr eröffnenden Charakter. Es markiert die Sphäre des Möglichen.« Wer sich in unbestimmten Situationen abwartend verhält, nimmt sich Zeit, diese Situationen auf sich wirken zu lassen und ihre Spielräume auszuloten – ein Verhalten, das genau besehen um einiges souveräner ist als ein offensives Vorpreschen, in dem sich die eigene Unsicherheit nur umso deutlicher offenbart. Selbstbestimmt ist somit gerade der, der sich zunächst einmal *bestimmen lässt*: nämlich von Gegebenheiten, die es wahr- und in das eigene Handeln hineinzunehmen gilt.

Tatsächlich gibt es Lebensumstände, die wir gar nicht oder doch zumindest nicht vollständig bestimmen können. Umstände, die unser Leben begrenzen, umzirkeln und in deren Wirkkreis sich die je eigene Existenz abspielt. Wir werden in eine bestimmte Familie, in ein bestimmtes Land, in eine bestimmte Stimmung hineingeboren, qua biologischer und sozialer Herkunft sind wir ausgestattet mit einem Geschlecht, einem Körper, einem Namen, einer Psyche, einer Identität. »Wer nicht in vielerlei Hinsicht bestimmt wäre, könnte selbst nichts bestimmen; es wäre nichts da, dem gegenüber eine eigene Bestimmung ein Gewicht haben könnte. Bestimmt zu sein ist ein konstitutiver Rückhalt von Selbstbestimmung«, schreibt Martin Seel. Das eigene Dasein hätte keinerlei Kontur und auch keine Richtung, wenn wir nicht in vielerlei Hinsicht bestimmt wären. Das soll natürlich keineswegs heißen, dass wir uns vollkommen tatenlos in ein gottverfügtes Schicksal ergeben müssten – dennoch kann es selbstbestimmtes Handeln logischerweise nur geben vor dem Hintergrund eines Selbst, das eine relative Konstanz aufweist. Wenn wir heute dieses Geschlecht hätten und morgen jenes, heute in diesem Körper steckten und morgen in jenem, heute diesen Namen trügen und morgen jenen; wenn wir unsere Psyche und unseren Charakter nach Belieben verändern und manipulieren könnten, ergäbe ein Begriff wie Selbstbestimmung keinen Sinn mehr. Denn vor welchem Hintergrund fände diese Bestimmung statt?

Uns Menschen fällt es bekanntlich schwer, Unverfügbares auszuhalten. Nicht nur, dass uns defekte E-Mail-Programme oder verspätete U-Bahnen häufig wütend und hilflos machen, auch die Grundfesten der Existenz – die Herkunft, den Körper, das Sein – können und wollen viele Menschen nicht akzeptieren. Wir möchten unser Dasein fest in der Hand haben, und deshalb arbeiten wir seit jeher unermüdlich daran, möglichst jeden Bereich des Lebens der eigenen Handlungsmacht zu unterstellen – auch und insbesondere jene Bereiche, die bis vor einigen Jahrzehnten noch als unveränderbar galten.

Heute ist die medizinische Entwicklung tatsächlich schon so weit gediehen, dass weder das Geschlecht noch der Körper unveränderbare Gegebenheiten mehr sind, und auch die Psyche lässt sich durch Psychopharmaka und Medizintechnik bis zu einem gewissen Grad modifizieren. Vor allem aber eine Verfügung gibt es, die wir mit aller Gewalt unter unsere Kontrolle zu bringen versuchen. Unerträglich ist die Vorstellung, dass uns das Leben nur auf Zeit gewährt wird, und noch größer ist die Angst, dass es uns womöglich zu früh entrissen werden könnte. Schon bevor die menschliche Existenz überhaupt richtig beginnt, sind wir bemüht, den Tod zu bekämpfen, durch pränatale Diagnostiken sollen alle Eventualitäten in den Blick genommen, alle Gefahren gebannt werden, und auch am Lebensende fügen wir uns nicht einfach dem Unabänderlichen, sondern ergreifen jeden von ärztlicher Seite gereichten Strohhalm, um den Tod in letzter Sekunde womöglich doch noch abzuwenden. Natürlich sind die medizinisch-technischen Errungenschaften zunächst einmal begrüßenswert, ja lebensrettend – und doch führt unser Unwille oder auch die Unfähigkeit, bestimmte Dinge geschehen zu lassen, bisweilen zu ethisch fragwürdigen Entwicklungen. Wie etwa ist es zu bewerten, dass Eltern, die ein Kind mit Downsyndrom erwarten, sich in 90 Prozent aller Fälle für eine Abtreibung entscheiden? Und wie ist es zu beurteilen, dass todkranke Menschen mitunter noch zu aussichtslosen Therapien überredet werden? Ist Tun wirklich immer besser als Lassen?

Dass wir uns so sehr vor der eigenen Vergänglichkeit, vor dem Unverfügbaren fürchten und das Tun entschieden über das Lassen stellen, hat zentral mit der Stellung des modernen Menschen in der Welt zu tun. Als der Mensch noch unhinterfragt an Gott glaubte, war sein Leben Schicksal und sein Tod unauflöslich verbunden mit der Hoffnung auf ein heilsversprechendes Jenseits. Im Zuge der Aufklärung aber hat er – glücklicherweise – gelernt, sich seines eigenen Verstandes zu bedienen, und setzte an die Stelle der metaphysischen Bestimmung, die sein gesamtes Leben lenkte, die Selbstbestimmung. Dieser (notwendige und unwiderrufliche) Akt der Befreiung hatte allerdings eine Kehrseite: »Unsere Zeit hat alle substanziellen Bestimmungen von Familie, Staat, Geschlecht verloren; sie muß das einzelne Individuum ganz sich selbst überlassen, dergestalt, daß dieses im strengen Sinne sein eigener Schöpfer wird«, schreibt der Philosoph Søren Kierkegaard in seiner Schrift *Entweder – oder*. Sich jeder Bestimmung entledigend ist der Mensch frei; aber wer sagt ihm, wann er genug geschöpft hat? Wer zeigt ihm eine Grenze auf, wenn er seinen Körper einem utopischen Ideal anzupassen versucht? Und wer gebietet ihm Einhalt, wenn er von krankhaftem Ehrgeiz aufgefressen wird?

Das Einzige, was den Menschen noch halten kann, wenn er sein eigener Schöpfer ist, ist er selbst. Dergestalt zurückgeworfen auf sein eigenes nacktes Leben gemahnt ihn jede Unterbrechung seines Tuns, jedes Nichtkönnen, jedes Zögern und Scheitern schreckhaft an seine Ausgeliefertheit ans Nichts, an seine eigene Ohnmacht. Und um in diesen Abgrund nicht schauen zu müssen, ist er unablässig produktiv, tätig – sich der Illusion hingebend, dass es sich bei seinem zwanghaften Schaffensdrang um einen Ausdruck von Freiheit handelt.

»Gerade auf das nackte, radikal vergänglich gewordene Leben reagiert man mit der Hyperaktivität, mit der Hysterie der Arbeit und der Produktion«, so der Philosoph Byun-Chul Han. Der Arbeitssüchtige, der Hyperaktive ist tätig aus Angst – aus Todesangst. Und seine verzweifelte Fluchtbewegung ist es, die ihn letzten Endes eben doch lähmt, die ihn, erschöpft und ermattet, gefangen hält in einem depressiven Zustand, den man heute *Burnout* nennt.

Dabei wäre es gerade das Unverfügbare selbst, das uns eine tiefe Gelassenheit schenken könnte. »Wer Gelassenheit hat, verzichtet, so weit er sie hat, auf eine Verfügung über das, worüber nicht zu verfügen ist«, meint Martin Seel. Anstatt dem Phantasma absoluter Handlungsmacht hinterherzulaufen, gälte es, das Unverfügbare anzuerkennen, ja, sich sogar von ihm tragen zu lassen; ganz ähnlich, wie auch Wasser trägt, wenn man sich auf ihm treiben lässt. Hinab zieht die Tiefe nur, wenn man in Panik gerät, strampelt und mit den Armen schlägt; wer sich ihr anvertraut und mit ihr umzugehen weiß, schwebt auf ihrer Oberfläche.

Dieses Bild des auf dem Wasser treibenden Menschen wollen wir am Ende zum Anlass nehmen, um auf einen Aphorismus von Adorno zu sprechen zu kommen, der überschrieben ist mit: *Sur l'eau*. Auf dem Wasser. »Rien faire comme une bête, auf dem Wasser liegen und friedlich in den Himmel schauen, ›sein‹ sonst nichts, ohne alle weitere Bestimmung und Erfüllung‹ könnte an die Stelle von Prozeß, Tun und Erfüllen treten«, schreibt der Philosoph. In seinem Aphorismus beklagt er die »blinde Wut des Machens«, die in unserer Gesellschaft vorherrscht, und schlägt vor, das Lassen als die wirkliche Frei-

heit zu begreifen: »Vielleicht wird die wahre Gesellschaft der
Entfaltung überdrüssig und lässt aus Freiheit Möglichkeiten
ungenützt, anstatt unter irrem Zwang auf fremde Sterne ein-
zustürmen.«

Adornos Zeilen sind im vergangenen Jahrhundert entstanden. Heute, inmitten des Wachstums- und Forschrittswahns,
mit dem der Mensch nicht nur langsam, aber sicher seine
Psyche, sondern auch seine Lebensgrundlage schlechthin, die
Erde, zugrunde richtet, sollten sie uns umso mehr zu denken
geben. Angezeigt ist im 21. Jahrhundert nicht mehr nur das
Tun, sondern auch das Seinlassen.

Literatur

Ach, Johann S. und Arnd Pollmann: »Einleitung«. In: Dies.
(Hrsg.): *No body is perfect. Baumaßnahmen am menschlichen
Körper – Bioethische und ästhetische Aufrisse*. Bielefeld 2006.
S. 9–20.

Adorno, Theodor Wiesengrund: *Minima Moralia. Reflexionen aus
dem beschädigten Leben*. Frankfurt am Main 1997.

Aristoteles: *Nikomachische Ethik*. Stuttgart 2004.

Bataille, Georges: *Der heilige Eros*. Neuwied am Rhein 1963.

Baureithel, Ulrike: »Erst das Verbot macht das Sexuelle groß. Der
Sexualwissenschaftler Volkmar Sigusch über neue Lustlosigkeit, alte Perversionen und die Paradoxien der Liebe im Kapitalismus«. In: *Freitag*. 8. Juli 2005. S. 22.

Benjamin, Walter: »Frische Feigen«. In: *Gesammelte Schriften*.
Herausgegeben von Tillman Rexrodt. Band 4,1. Frankfurt am
Main 1972. S. 374–375.

Benjamin, Walter: »Kapitalismus als Religion [Fragment]«.
In: *Gesammelte Schriften*. Herausgegeben von Rolf Tiedemann
und Hermann Schweppenhäuser. Band 6. Frankfurt am Main
1991. S. 100–103.

Bergesen, Albert: »Die rituelle Ordnung«. In: Belliger, Andrea und
David J. Krieger (Hrsg.): *Ritualtheorien. Ein einführendes Handbuch*.
Wiesbaden 2008. S. 49–76.

Bette, Karl-Heinrich: »Körper, Sport und Individualisierung«. In:
Wie viel Schönheit braucht der Mensch? Für den Deutschen Studien-

preis herausgegeben von Gero von Randow. Hamburg 2001.
S. 88–100.

Benthien, Claudia: *Haut. Literaturgeschichte – Körperbilder – Grenz-diskurse.* Hamburg 1999.

Bichsel, Peter: »Heute ist Sonntag«. In: Ders.: *Heute kommt Johnson nicht. Kolumnen 2001–2008.* Frankfurt am Main 2008.
S. 15–18.

Bublitz, Hannelore: »Sehen und Gesehen werden – Auf dem Lauf-steg der Gesellschaft. Sozial- und Selbsttechnologien des Kör-pers«. In: Gugutzer, Robert (Hrsg.): *Body turn. Perspektiven der Soziologie des Körpers und des Sports.* Bielefeld 2006. S. 341–362.

Buchkremer, Hansjosef: *Über den Ehrgeiz. Eine Monographie unter besonderer Berücksichtigung der pädagogischen Relevanz.* Aachen 1972.

Burisch, Matthias: *Das Burnout-Syndrom. Theorie einer inneren Erschöp-fung.* Heidelberg 2006.

Caysa, Volker: »Vom Recht des Schmerzes. Grenzen der Kör-perinstrumentalisierung im Sport«. In: Ach/Pollmann: a.a.O.
S. 295–306.

Deak, Alexandra: »Schöner Hungern. Über den Zusammenhang von Diät und Wahn«. In: Ach/Pollmann: a.a.O. S. 207–224.

Dettmer, Markus u. a.: »Volk der Erschöpften«. In: *Der Spiegel.* Nr. 4. 24.1.2011. S. 114–112.

Diogenes Laertius: *X. Buch. Epikur.* Übersetzt von Otto Apelt. Her-ausgegeben von Klaus Reich und Hans Günter Zekl. Hamburg 1968. S. 105–107.

Ehrenberg, Alain: *Das erschöpfte Selbst. Depression und Gesellschaft in der Gegenwart.* Frankfurt am Main 2008.

Fey, Jochen F.: »Kochkunst auf der documenta XII. Gedanken zum ›Kochen‹ und zur ›Kunst‹«. In: *journal culinaire. Kultur und Wissenschaft des Essens.* No. 5. 2007. S. 49–53.

Foucault, Michel: *Sexualität und Wahrheit.* Band 1: *Der Wille zum Wissen.* Frankfurt am Main 1983.

Freud, Sigmund: »Die Angst«. In: *Studienausgabe.* Herausgegeben von Alexander Mitscherlich u. a. Band 1. Frankfurt am Main 2000. S. 380–397.

Freud, Sigmund: »Die Weiblichkeit«. In: *Studienausgabe.* Herausgegeben von Alexander Mitscherlich u. a. Band 1. Frankfurt am Main 2000. S. 544–565.

Freud, Sigmund: »Zwangshandlungen und Religionsübungen«. In: *Studienausgabe.* Herausgegeben von Alexander Mitscherlich u. a. Band 7. Frankfurt am Main 2000. S. 11–22.

Freud, Sigmund: »Das Unbehagen in der Kultur«. In: *Studienausgabe.* Herausgegeben von Alexander Mitscherlich u. a. Band 9. Frankfurt am Main 2000. S. 191–270.

Freud, Sigmund: »Die ›kulturelle‹ Sexualmoral und die moderne Nervosität«. In: *Studienausgabe.* Herausgegeben von Alexander Mitscherlich u. a. Band 9. Frankfurt am Main 2000. S. 9–32.

Gerisch, Benigna: »Keramos Anthropos. Psychoanalytische Betrachtungen zur Genese des Körperbildes und dessen Störungen«. In: Ach/Pollmann: a.a.O. S. 131–162.

Goffman, Erving: *Interaktionsrituale. Über Verhalten in direkter Kommunikation.* Frankfurt am Main 1971.

Gronau, Barbara und Alice Lagaay (Hrsg.): *Performanzen des Nichttuns.* Wien 2008.

Gründl, Martin: »Attraktivitätsforschung. Auf der Suche nach der Formel der Schönheit«. In: Gutwald, Cathrin und Raimar Zons (Hrsg.): *Die Macht der Schönheit.* München 2007. S. 49–70.

Grunenberg, Antonia: *Hannah Arendt und Martin Heidegger. Geschichte einer Liebe.* München/Zürich 2006.

Haas, Michaela: »Der Feind in mir«. In: *SZ Magazin*. Nummer 31. 31. Juli 2009. S. 18–23.

Han, Byung-Chul: *Müdigkeitsgesellschaft*. Berlin 2010.

Handke, Peter: *Versuch über die Müdigkeit*. Frankfurt am Main 1992.

Hegel, Georg Wilhelm Friedrich: *Phänomenologie des Geistes*. Frankfurt am Main 1986.

Hegel, Georg Wilhelm Friedrich: *Vorlesungen über die Philosophie der Geschichte*. In: Werke. Band 12. Frankfurt am Main 1968.

Heidegger, Martin: *Was heißt Denken?* Stuttgart 2007.

Homer: *Odyssee*. Übertragung von Anton Weiher. 12. Gesang. München/Zürich 1990.

Horkheimer, Max und Theodor W. Adorno: *Dialektik der Aufklärung. Philosophische Fragmente*. Frankfurt am Main 1988.

Kant, Immanuel: *Kritik der Urteilskraft*. In: Werkausgabe. Herausgegeben von Wilhelm Weischedel. Band 10. Frankfurt am Main 1994.

Kant, Immanuel: *Metaphysik der Sitten*. In: Werkausgabe. 20 Bände. Herausgegeben von Wilhelm Weichschedel. Band 8. Frankfurt am Main 1991.

Kierkegaard, Søren: *Entweder – Oder*. Teil I. München 1988.

Kierkegaard, Søren: *Journale EE-KK, 304*. In: Deutsche Søren Kierkegaard Edition. Band 2. Herausgegeben von Richard Purkathofer und Heiko Schulz. Berlin/New York 2008.

Kniebe, Tobias: »Das Prinzip Hunger«. In: *SZ Magazin*. Nummer 18. 2. Mai 2008. S. 10.

Kojève, Alexandre: *Hegel. Kommentar zur Phänomenlogie des Geistes*. Frankfurt am Main 1996.

Kopf, Andreas und Rainer Sabatowski: »Schmerz und Schmerztherapie«. In: Blume, Eugen u. a. (Hrsg.): *Schmerz. Kunst und Wissenschaft*. Berlin 2007. S. 55–64.

Küpper, Joachim: »Uti und frui bei Augustinus und die Problematik des Genießens in der ästhetischen Tradition des Okzidents«. In: Klein, Wolfgang und Ernst Müller (Hrsg.): *Genuss und Egoismus. Zur Kritik ihrer geschichtlichen Verknüpfung*. Berlin 2002. S. 3–29.

Lacan, Jacques: *Encore. Das Seminar Buch XX*. Weinheim/Berlin 1991.

Lacan, Jacques: »Il ne peut pas y avoir de crise de la psychoanalyse". In: *Magazine littéraire*. Nr. 428. Februar 2004. S. 24–29. Übersetzung nach Pornschlegel, Clemens: »Wem gehören die Töchter? Zum sexuellen Machtanspruch der Konsumgesellschaften«. In: Metelmann, Jörg (Hrsg.): *Porno-Pop. Sex in der Oberflächenwelt*. Würzburg 2005. S. 15–25.

Lagier, Nikolaus: *Die Kunst des Begehrens. Dekadenz, Sinnlichkeit und Askese*. München 2007.

Le Breton, David: *Schmerz. Eine Kulturgeschichte*. Zürich/Berlin 2003.

Lenk, Christian: »Verbesserung als Selbstzweck? Psyche und Körper zwischen Abweichung, Norm und Optimum«. In: Ach/Pollmann: a.a.O. S. 63–78.

Logau, Friedrich von: »Zweifelhafte Keuschheit«. In: *Sämtliche Sinngedichte*. Herausgegeben von Gustav Eitner. Band 2. Tübingen 1872. S. 103.

Macho, Thomas: »Neue Askese? Zur Frage nach der Aktualität des Verzichts«. In: *Merkur*. Deutsche Zeitschrift für europäisches Denken 544. 1994/7. Stuttgart 1994. 583–593.

Marcuse, Herbert: »Zur Kritik des Hedonismus«. In: *Kultur und Gesellschaft I*. Frankfurt am Main 1965. S. 128–168.

Marinetti, Filippo Tommaso: »Manifest des Futurismus«. In: Baumgarth, Christa: *Geschichte des Futurismus*. Reinbek 1966. S. 26–29.

Meckel, Miriam: *Brief an mein Leben. Erfahrungen mit einem Burnout.* Reinbek 2010.

Menninghaus, Winfried: »Schönheit – Leben – Tod. Zur Evolutionstheorie von Aussehenspräferenzen«. In: Gutwald/Zons: a.a.O. S. 35–48.

Michaels, Axel: »Le rituel pour le rituel‹ oder wie sinnlos sind Rituale?« In: Caduff, Corina und Joanna Pfaff-Czarnecka (Hrsg.): *Rituale heute. Theorien – Kontroversen – Entwürfe.* Frankfurt am Main 1999. S. 23–48.

Nietzsche, Friedrich: *Menschliches, Allzumenschliches.* In: Kritische Studienausgabe. Herausgegeben von Giorgio Colli und Mazzino Montinari. Bd. 2. München 1999.

Nietzsche, Friedrich: *Die fröhliche Wissenschaft.* In: Kritische Studienausgabe. Herausgegeben von Giorgio Colli und Mazzino Montinari. Band 3. Berlin/New York 1999.

Nietzsche, Friedrich: *Zur Genealogie der Moral.* In: Kritische Studienausgabe. Bd. 5. A.a.O.

Nietzsche, Friedrich: *Nachlass 1880–1882.* In: Kritische Studienausgabe. Band 9. A.a.O.

Nietzsche, Friedrich: *Nachlass 1887–1889.* In: Kritische Studienausgabe. Band 13. A.a.O.

Ovid: *Metamorphosen.* Aus dem Lateinischen von Erich Rösch. Zürich/München 1997.

Pfaller, Robert: *Das schmutzige Heilige und die reine Vernunft. Symptome der Gegenwartskultur.* Frankfurt am Main 2008.

Pfaller, Robert: »Lust und Prüderie. Vom Sex in der Medienmoderne«. In: *Süddeutsche Zeitung.* 8./9. August 2009.

Pfaller, Robert: *Wofür es sich zu leben lohnt. Elemente materialistischer Philosophie.* Frankfurt am Main 2011.

Montaigne, Michel de: »Ob wir etwas als Wohltat empfinden, hängt weitgehend von unserer Einstellung ab«. In: *Essais*. Erste moderne Gesamtübersetzung von Hans Stilett. Herausgegeben von Hans Magnus Enzensberger. Frankfurt am Main 1998. S. 29–38.

Noltenius, Rainer (Hrsg.): *Gibt es ein Leben ohne Arbeit? Arbeitslosigkeit in Kunst und Medien – Mangel und Hoffnung*. Essen 2000.

Platon: *Das Gastmahl*. In: Sämtliche Dialoge. Band 3. Hamburg 1988.

Pollmann, Arnd: »Hart an der Grenze. Skizze einer Anamnese spätmodernen Körperkults«. In: Ach/Pollmann: a.a.O. S. 307–324.

Rattner, Josef: »Erythrophobie als Schamkrankheit«. In: Lévy, Alfred: *Haut und Seele. Auf dem Weg zu einer psychosomatischen Dermatologie*. Mit Beiträgen von Gerhard Danzer und Josef Rattner. Würzburg 1997. S. 79–92.

Rilke, Rainer Maria: *Briefe aus den Jahren 1906 bis 1907*. Herausgegeben von Ruth Sieber-Rilke und Carl Sieber. Leipzig 1930.

Riviere, Joan: »Weiblichkeit als Maskerade«. In: Weissberg, Liliane (Hrsg.) *Weiblichkeit als Maskerade*. Frankfurt am Main 1994. S. 34–47.

Rohde-Dachser, Christa: »Im Dienste der Schönheit. Zur Psychodynamik schönheitschirurgischer Körperinszenierungen«. In: *Psyche. Zeitschrift für Psychoanalyse und ihre Anwendungen*. Heft 2. Februar 2007. 97–124.

Rühle, Alex: *Ohne Netz. Mein halbes Jahr offline*. Stuttgart 2010.

Sade, D.A.F. de: *Justine und Juliette*. Herausgegeben und übersetzt von Stefan Zweifel und Michael Pfister. Band 2. München 1991.

Sade, D.A.F. de: *Justine und Juliette*. Band 3. A.a.O.

Scheub, Ute: *Heldendämmerung. Die Krise der Männer und warum sie auch für die Frauen gefährlich ist.* München 2010.

Schiller, Friedrich: *Über die ästhetische Erziehung des Menschen.* Stuttgart 2006.

Schirach, Ariadne von: *Der Tanz um die Lust.* München 2007.

Schmid, Birgit: »Schnitt für Schnitt«. In: *SZ Magazin.* Nummer 40. 2. Oktober 2008. S. 32–37.

Schnabel, Ulrich: Muße. *Vom Glück des Nichtstuns.* München 2010.

Schopenhauer, Arthur: *Preisschrift über das Fundament der Moral.* Hamburg 1979.

Schupelius, Gunnar: »War die Ehe in den fünfziger Jahren aufregender als heute?«. In: *Welt am Sonntag.* 29.01.2003.

Seel, Martin: *Sich bestimmen lassen. Studien zur theoretischen und praktischen Philosophie.* Frankfurt am Main 2002.

Seeßlen, Georg: »Neue Paradigmen der Pornographie«. In: *Die Tageszeitung.* 27.07.2000.

Selzer, Richard: *Confessions of a knife.* Michigan State 2001. Übersetzung nach Le Breton: a.a.O.

Sennett, Richard: *Der flexible Mensch. Die Kultur des neuen Kapitalismus.* Berlin 2010.

Sexstyles 2010. Die Zukunft der erotischen Kultur. Trendstudie im Auftrag der Beate Uhse AG. http://www.zukunftsinstitut.de/downloads/Sexstyles2010.pdf

Siegrist, Johannes und Töres Theorell: »Sozioökonomischer Status und Gesundheit: Die Rolle von Arbeit und Beschäftigung«. In: Siegrist, Johannes und Michael Marmot (Hrsg.): *Soziale Ungleichheit und Gesundheit: Erklärungsansätze und gesundheitspolitische Folgerungen.* Bern 2008. S. 99–130.

Sigusch, Volkmar: *Neosexualitäten. Über den kulturellen Wandel von Liebe und Perversion.* Frankfurt/New York 2005.

Soyke, Christiane und Celia Tremper: »Das große Glück ohne Sex«. In: *Bunte*. 09.12.2004.

Sydow, Kirsten von: »Willkommen im Club!« In: *Psychologie Heute*. Juni 2005.

Tenzer, Eva: *Go shopping! Warum wir es einfach nicht lassen können*. Berlin 2009.

Türke, Christoph: *Philosophie des Traums*. München 2008.

Ullrich, Wolfgang: »Flüssig sein. Die Seele des Kapitalismus«. In: *Querformat. Zeitgenössisches, Kunst, Populärkultur*. Nr. 3. 2010. S. 4–10.

Weber, Max: »Die protestantische Ethik und der Geist des Kapitalismus«. In: *Gesammelte Aufsätze zur Religionssoziologie I*. Tübingen 1988. S. 17–216.

Wennerscheid, Sophie: *Das Begehren nach der Wunde. Religion und Erotik im Schreiben Kierkegaards*. Berlin 2008.

Wulf, Christoph und Jörg Zirfas: »Performative Welten. Einführung in die historischen, systematischen und methodischen Dimensionen des Rituals«. In: Dies. (Hrsg.): *Die Kultur des Rituals. Inszenierungen. Praktiken. Symbole*. München 2004. S. 7–48.

Žižek, Slavoj: *Lacan. Eine Einführung*. Frankfurt am Main 2008.

Zschirnt, Christiane: *Wir sind schön. Plädoyer für eine gelassene Weiblichkeit*. München 2009.

Dank

Michael Gaeb danke ich herzlich für die Vermittlung an die DVA, Christiane Naumann für das produktive Lektorat, ihre Geduld, ihren Zuspruch, Thomas Rathnow für die Wortschöpfung.

René Aguigah *(Deutschlandradio),* Ursula Nuber *(Psychologie Heute)* und Norbert Seitz *(Deutschlandfunk)* danke ich für die fruchtbare Zusammenarbeit; ihr ist manch ein Gedanke, der Eingang in dieses Buch gefunden hat, entsprungen.

Thomas Hölzl, Mariana Leky und Martina Lüdicke sowie unzähligen weiteren Freundinnen und Freunden, die zu nennen den Rahmen sprengen würde, danke ich für ihre Titelideen, Sabine Borns danke ich für das Foto.

Günter Herburger danke ich für »Die Sünden der Haut und das Schinden des Glücks«, die wichtige Rückmeldung zu »Heideggers Plüsch« und das Wärmen mit Sloterdijk.

Nele Schneidereit danke ich für die Manuskriptlektüre, ihre klugen Anmerkungen und kritischen Einwände vor allem zu Kant.

Maria Elisabeth Fink danke ich für den Vater des Gedankens und den Hinweis auf den brennenden Ehrgeiz bei Freud.

Florian Werner las Korrektur, kritisierte, bestärkte, unterstützte und ist, zusammen mit unserer Tochter Ada, die mir immer wieder auf schönste Weise den Spiegel vorhält (»Mama, ich muss zum Sport!« – »Was für ein Sport denn?« – »Arbeitssport!«), das größte Glück.

2. Auflage 2011
Copyright © 2011 Deutsche Verlags-Anstalt, München,
in der Verlagsgruppe Random House GmbH
Alle Rechte vorbehalten
Bildnachweis: AKG Images, Berlin: S. 88 (Erich Lessing), 117,
138 (N.N.); Bayerische Staatsbibliothek, München: S. 87 (Rar. 747).
Typografie und Satz: DVA/Brigitte Müller
Gesetzt aus der Baskerville
Druck und Bindung: GGP Media GmbH, Pößneck
Printed in Germany
ISBN 978-3-421-04462-4

www.dva.de

Zwischen Psychoanalyse und Politik:
Die letzten Jahre des Sigmund Freud

In seiner Freud-Biographie nimmt Mark Edmundson die letzten beiden Lebensjahre des Begründers der Psychoanalyse in den Blick: beginnend mit dem Jahr 1938, das Freud – damals schon schwer krank – zunächst noch in Wien verbringt, ehe ihn die Nazis zur Emigration nach England zwingen. Schließlich die Ankunft in London, wo er sein letztes großes Werk vollendet und 1939 stirbt.

»Edmundson bleibt niemals im Allgemeinen. Ihm gelingt eine anschauliche Einführung in Freuds Gedankenwelt, die mehr ist als eine Studie aus dem Reich der Psychoanalyse.«

Die Welt

Mark Edmundson
Sigmund Freud
Das Vermächtnis der letzten Jahre
Aus dem Englischen von Erich Ammereller
288 Seiten, gebunden
ISBN 978-3-421-05931-4

www.dva.de